庶民派弁護士が読み解く 法律の生まれ方

なぜ法律は必要なのか

玉木賢明 著

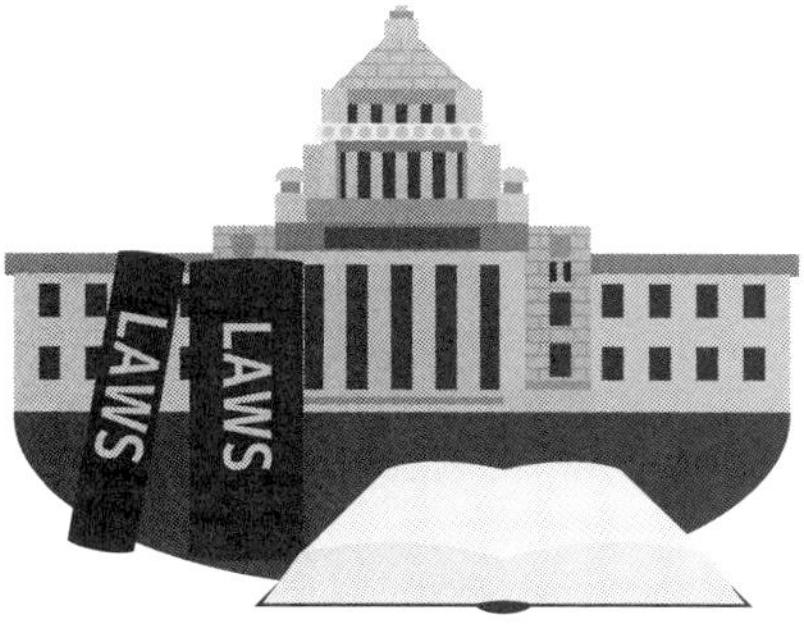

日本地域社会研究所

コミュニティ・ブックス

まえがき

私はずうっと以前から「最近の法律って何だ。何かの役にたっているのか？　意味ないんじゃないの？　既存の法律の応用で間に合うんじゃないか？」と考えていました。国会審議されたり、新聞報道されたりしている法案の内容を見聞きするだけでも「何、それ必要なの？」と違和感を覚えてきました。

本文中にも述べますが、私がそう思うような新立法は結局、お役人さんがその立法作業自体に自らの存在意義を見出し、世にその〝存在感〟を示すために〝せっせ〟と「つくられているだけではないのか」と感じてきたのです。

もちろん、今でもそのような印象が全体的に拭い去れない状態です。もう私も決して弁護士人生若手ではなく、どちらかというと長さだけはベテランの域に達しています。

しかし、まだ〝そこそこ〟に元気はあります。元気がなくなったら積年の思いを世に訴えることもできなくなると思ったものですから、そろそろ〝暴論〟を吐こうかなと思って本書の執筆を思いたった次第です。

因みに、本書のタイトルを〝法律の生まれ方〟としたのは、法律が世の中に出てくる必要性なり、法律の機能なり、要・不要の評価なりを記した本書の内容を〝一括り〟するには当を得たタイトルだと考えたからです。

結構、好き勝手に書いたので、本文中に書かれている内容について読者の方々に後で「あそこの記述は間違っている！　勉強不足だ！」というような叱責を受けることがあるかもしれませんが、そのような場合でも寛容なお気持ちで読んで頂きたいし、また、時代考証もきちんとしていないかもしれませんので、あまり堅くお考えにならないで下さい。

しかし、法曹としての約30年間で抱いた〝私の心情〟を認（したた）めておきたく、本書の出版という〝暴挙〟に出たものです。

「読み物」として読者の皆さんにできるだけ退屈させないように、ということを第一に、と心掛けたつもりですが、その気概を少しでも忖度して頂ければ幸いです。

ところで、私は先に『空き家対策の処方箋』という本を出させて頂いたものですが、それと本書が共通にめざすところは、〝日本を憂える〟というものです。もし、ご興味がおありであれば、それもご一読頂ければ幸甚です。

尚、本書の脱稿までには当方事務所の勤務弁護士である齋藤健太郎、高田祐輔の両君にいろいろ世話になりましたこと、ここでお礼申し上げます。

では、これから本文を始めさせて頂きます。

平成三十年九月吉日

目次

第1章

〝法律〟というものの氏素姓

1. 法律の機能

「法律」というのは勿論、人間ないし国民が社会的存在として生きていくための〝ルール(指針)〟を示すものです。

法体系(一口に法体系としても段階があります)を俯瞰すると、効力の優先順位としては、国際間の条約、(各国の)憲法、法律、行政府の政令、地方自治体の条例ということになろうかと思います。

もっとも、条約と憲法の郵政順位の理解については見解の対立があり、憲法の方が優先する、という説もあります。

「条約」というのは国家間の取り決めですね。日本では古く大老井伊直弼が幕末に米国と交わした「日米修好通商条約」であったりします。この条約締結に関しては、結局、〝安政の大獄→桜田門外の変〟にまで至るのですから、そのことだけからしても重大事です。

次に、「憲法」というのは国の基本法ですね。「不毛の議論」というべきかもしれませんが、条約が憲法に優位する、と学者はいっています。

いずれにしろ、基本的に法律以下の〝指針〟は憲法に反せない、ということになります。

ところで、「政令」というのはあまり耳に馴染みがないかもしれませんが、法律が行政府に細かい現場レベルの規則を定めることを委任した結果、行政府により法律に抵触しない範囲で、あるいは、法律を詳細に施行するために定められ、発令されるルールです。

そして、条例は、地方自治体が国の法律、政令に反しない限りで自治的に制定することが許される規範です。

要するに、法体系は国家と国民を秩序付けるために人為的に作られるものです。結局、国民はこのような諸々の法規範により規制されている訳ですが、「法律」は、あえていえば法体系のうちの一部です。

ここでは法体系のうち、一番われわれにとって身近ではないかと思われる法律の何たるかについて話をすすめてみようと思います。

ご承知のとおり、法律は日本でいえば、基本的に国会を構成する衆・参両院で審議されて成立するものです。法律の人的適用範囲は基本的には〝全国区〟です。全国民が一律にそれに従う、ということが原則なのです。
一部の〝時限立法〟（一定の期間、例えば、平成○年から同○年までの間だけ有効、とされる法律のことをいいます）を除けば、終期をことさら定めない限り、あるいは、廃止・改正されない限り、機能し続けます。

2. 法律以外の規範

もっとも、世の「指針」となるべきものは法律を含む法体系のみならず、宗教教義であったり、漠然とした道徳・倫理であったりするわけです。あえて、ここではそれらを一緒くたにして〝規範〟と申し上げましょう。

ところで、宗教的教義などは、国によってはむしろ形式的な法律より上位のものだ、と考えられているほど、〝厳《おごそ》か〟なものでもあり得ます。バチカンにおけるローマ法王の下のカトリック教などはその代表例でしょう。恐らく、〝一神教〟の国ではそういうことが多いのでしょう。

昔、面白いと思った米国映画のうち、フランシス・フォード・コッポラ監督の「ゴッドファーザー」では、カトリック教会の権威の偉大さが遺憾なく表現されていましたね。反面、悪徳司教がマフィアに撃ち殺されてもいた、と記憶しています。カトリック教会の権威が揺らぐ〝過渡期〟だったんでしょうか（あるいは、それはマフィアが司教に扮していたんだったかな？）。

これに対し、日本はいうなれば〝多神教〟の国ですから、やはり〝法体系〟の方が宗教に優先するんだろうな、と思います。

ここで〝優先〟というのは規範として通用する〝割合の広さ〟の問題です。即ち、多神教国家においては、どうしても一つの宗教は他の宗教との関係で相対的（比較的）なものにならざるを得ない。つまり、〝絶対的〟なものがないのですから（というより、数ある宗教の中で、どれかが絶対的には威張れないのだから）、〝お隣さん〟同士の利害が衝突する場面を公約数である〝法律〟で規制する必要性が高くなるんでしょうね。

つまり、その限りでは、法律が宗教に優先する性格が強くなるのだろうと思います。抽象的にはそう考えてよいんだと思います。

3. 道徳について

これに対し、〝道徳〟というものは法律でもないし、必ずしも宗教的な教義でもないけれども、抽象的には、共に人の〝拠《すが》るべき規範〟という点では共通の基盤をもつものだと思います。〝道徳〟というのは、すこぶる〝曖昧〟な概念ですが、私自身はむしろ道徳こそがこの世で一番大事な規範だろうと考えています。

問題は、道徳というものの概念が曖昧なものだから、残念ながら世の中を統《す》べる客観的な規範としては実際には機能しにくい面があるということですね。〝曖昧〟なものは時代の変遷につれて変化していく、という宿命をもっていると考えられます。

しかし、それでもそのような〝道徳〟をその時々に無視するというわけにはいきません。その〝時々〟の道徳というものが時代を反映して、ある程度の安定感をもったものとして浸透していかなければ、世の中は〝ガサツ〟であり、人々の幸福感も充たされないだろうと思います。

４．人間の行動を律する〝規範〟（規範の総和は「１００！」）

　ところで、三つの規範（法律、宗教教義、道徳）はそれぞれがそれなりに協調しあわなければならないものだと思いますが、人を取り巻く規範が仮に三つの要素から成り立つと考えれば、しかし、それは〝たかだか人間〟の行動を律するものだから、「規範」全体としてのそれぞれの〝総和〟は「１００だ！」と見たいと思います。少し、乱暴ですかね。もし、そう見ることが許されるなら、そのそれぞれの要素の割合は国なり人により異なるかもしれません。

　ここで「たかだか人間の行動」と申しましたのは、巷間いわれるように「科学技術がいくら進歩・発展したって、人類自体の精神的中身はちっとも進歩・成長していない」という〝卓越した評論〟に対し、私自身が両手を上げて賛意を表している結果です。

　確かに、今の日本（日本に限らない？）では経済が豊かになり、生活も便利になり、一見、人類が進歩しているようにも見えますが、しかし、それと〝人類の進歩〟自体とは別次元の話だと思うのです、念のため。

要するに、「技術的・肉体的な進歩」と「精神性の進化」、とは違うということです。〝精神性〟そのものは次代（後世）に〝相続〟されず、代替わりごとに新たに「ゼロ」から繰り返される、ということでしょうか。多分、このことは間違いないでしょう。もっとも、この先、〝道徳教育〟が進めばどうなるかわかりませんが、期待したいところです。

5. 「掟」について

また、「法律」（広く〝法体系〟というとらえ方でも結構です）についてですが、古代バビロニアにおいては「ハムラビ法典」とか、わが国においては聖徳太子の「十七条憲法」とかがありましたが、これらは元々この世に文字というものが考案され、〝ある社会的・国家的意志〟を「形あるもの」に固定しよう、ということになって出来上がったものです。

文字の発明以前には社会のルールは〝掟《おきて》〟というものではなかったのかなと思います。〝掟〟……、実に重い響きですね。〝掟〟に背いたら裁判などという七面倒くさい手続きをとることもなく、「即、リンチ（私刑）！」というイメージですね。

そして、〝掟〟の世界では些末な部分に関する細かい規制はなかったと思われます。単純明快に人々に理解されなければならなかった関係上、複雑なものでは逆に世間に浸透しなかっただろうと思われるのです。

蛇足ですが、妙な話になりますが、姦通〝罪〟というのもその昔にはなかったのではないでしょうか。その〝分野〟はその昔はすごく大らかだったのではないか、と思われます。この罪の誕生により、男女の性的欲求が減ったのか、いや、増したのか、はわかりません！「禁じられる」ことにより、さらに燃え盛る恋、ということもあり得ますからね。

もっとも、テレビドラマの「必殺仕事人シリーズ」などでは〝仕事人が仲間として他に誰がいるのかについて絶対に口を割らない〟、というシーンがあったので思ったのですが、すでに文字があった江戸時代にも〝掟〟はあり得るんですね（もっとも、江戸時代は文字を読めない人々も沢山いたんでしょうから、その限りでは、掟は文字の〝無い〟社会における規範だったということは部分的にはいえるかもしれません）。この掟というものはいわば限られた地域社会における〝道徳〟の一部が取締法規化したものでしょう。

昔の西部劇の〝インディアン〟の世界でも〝掟〟が云々されていたように記憶しています。「インディアン嘘つかない！」というのは嘘つくことは部族の恥であり、命と引き換えにすべきほどの価値基準だ！という強い約束事があったのでしょう。これは単に映画の世界だけの話ではなく、〝侵略しない民族〟にとっては、ごく当たり前のルールだったのではないでしょうか。

こうしてみると、〝掟〟とは、民間人限りでの自然発生的な〝固い約束事〟という理解でよろしいのでしょう。

いずれにしろ、法律という規範は掟なり曖昧だった道徳概念を成文化して、不安定な規範を安定化させようとしたのだと思われます。つまり、文字の発明は科学の発展に貢献したということもありますが、人間の行動規範の明確化に貢献したという面もあるわけです。

しかし、そのことが〝幸〟だったか〝不幸〟だったか、は本書の後半で述べるとおりです。

6．法律の目的

次に、「法律の目的」についてですが、前記のとおり、それは極論すれば人々の行動に〝タガをはめる〟ものです（もっとも、社会福祉的なものは逆に国〈行政府〉にタガをはめるものだから別です）。

〝烏合の衆〟を野放しにしておくと、社会として〝まとまり〟がつきませんから彼らを〝統制〟しなければなりませんし、彼らの勝手な振舞いを抑止しなければならないわけです。

その意味で「法律」の誕生というものには根底に〝性悪説〟があるのでしょうね。そもそも、ヒトの内面（性＝サガ）の根本は善なのか悪なのか……よくわからないです。勿論、性悪説と相対するのは〝性善説〟なわけですが、どうやら全部あるいは少し譲って過半数の人々が〝性善〟であれば、法律などは不要となるのかもしれません。

しかし、ずうっと以前から、また、ほとんどの国（地域）で、〝法律〟というものがあるのですから、歴史的評価としてはおそらく、「性悪説の勝ち！」ということだと思います。

「オレ（私）は〝性善〟だ（だわよ）！」という紳士淑女の方々も大勢いらっしゃるでしょうけど、ここは一般論を述べているだけですから、お気になさらないで下さい。

性悪説が〝正しい〟とすると、死刑廃止論者は、人間の本質を知らない〝世間知らず〟、いや、〝人間知らず〟の輩といわざるを得ないかもしれません！　なぜなら、人の命は必ずしもそれほど〝気高い〟ものではない可能性があるからです。

そういうことに思いを馳せると、昨今の「日弁連」の執行部はだからアキマヘン！　現在の全国の弁護士数は約四万人ですが、平成28年10月に開催された日弁連の全国大会でなされた「死刑廃止賛成か反対か」の決議においては4万人のうちのわずか2％足らず（おそらくその中には委任状提出組も含まれているかも）の賛成で死刑廃止が日弁連全体の意見だという〝決議〟がなされました。そのようなわずかな賛成数であったにもかかわらず、日弁連はそれがいかにも弁護士会全体が死刑廃止論を支持しているかのように喧伝するんですから〝オカシイ〟です！

たったそれだけの実数でそういうアナウンスができる、ということはひょっとしたら、それは立派な「統計学上の裏付け」があって、その応用の結果、決議に参加しなかった残りの弁護士の半分が〝廃止〟に賛成だ、とみなしている可能性がないではありませんが、それは無茶というものです。弁護士会全体としての〝大事な〟〝所信表明〟なのですから〝統計学〟はやめて下さい！　最低、全体数の３分の１以上の賛成が必要ではないか、と私自身は勝手に思います。むしろ、それが良識だと思います。

果たして、「日弁連」は終身刑がないわが国において死刑を廃止することにより、受刑者を更生させる自信があるのだろうか。

参考のため申し上げると、終身刑は文字どおり、〝終身（一生涯）〟、受刑者が刑務所生活を送るものです。これは、日本にはない制度です。日本にあるのはせいぜい〝無期刑〟ですが、これは受刑10年を経過すると、仮出獄できるということがあり得ます。だから、〝極悪人〟を更生させることに自信がなければ、やはり、死刑は存置させるべきは当然なのです。そんなこと、できないくせにいい加減なことを言われても迷惑至極です。無責任です！

無垢な人間は平等であるべきはむしろ当然かもしれませんが、いわゆる極悪な所業を為した人間の命を何が何でも保全してやらなければならない、という考えは〝精神的片輪〟であるというしかいいようがありません。

そういう意見の持ち主は、かえって被害者の人命を軽んずるものですから、バランス感覚の欠落した輩ということになります。「クワバラ、クワバラ！」

7．そもそも立法の必要性とは

法律というのは、それを成立させるべきそれなりの必要性があるという場合にだけつくられるべきものだと考えます。単に「これ、つくった方がいいんじゃない？」というような安易な雰囲気の下につくられるべきものでは決してないと思います。

即ち、「この立法をしないと世に計り知れない弊害・害悪が生じ継続する」というような、「切実な必要性」がある場合でないと立法の必要性は少ないのではないでしょうか。そこまでの弊害はないにしても、立法することによる「利」と「不利」の可能な限りの比較考量をして、少なくとも「立法したほうがよい」ということが〝明らか〟な場合に限られるべきだということです。

もっとも、その「明らかであるか否か」、の判断は必ずしも容易ではないかもしれませんが、立法関係者が〝真面目〟に考えれば妥当な結論に至るのは決して難しいことではない、と思うんですが、いかがでしょうかね?

あるいは、それこそ、その判断基準の根底にあるものは、ひょっとしたら〝道徳〟なのかもしれません。

安易に〝時流〟に流されてはいけません。もっとも、今の日本の政治的動向は、様々な〝外圧〟に支配されているようですから簡単ではなさそうです。前に述べたように、法律は人々にタガをはめるものであり、自由を拘束するものですから、なるべくなら〝ない〟方がよいのです。

専制君主制でなければならない場合もあり得ますが(たるみ切った勝手連が跋扈・蔓延した社会においてはそうなろうかと思います)、なるべくなら世の中、窮屈でない方がよいですね。言うなれば、そういう〝不安定〟な状態が、〝道徳の活躍〟できる状況だと思います。タガの緩み切った社会も困りますが、タガの強すぎるわが国の近隣諸国の政治体制はもっと困ります。〝ほどほどが一番〟、ですね。

因みに、フランスのモンテスキューはその著書「法の精神」で、〝アジア人とかアフリカの黒人は人間ではない〟というようなことを述べているそうですが、それと彼の〝キーワード〟である〝中庸〟とは一体、どう整合するんでしょうか？　モンテスキューの活躍した時代は十八世紀であったとはいえ、それは恐らく現代社会でも西洋人の東洋人に対する似たような見方ではないのだろうか、という印象がありますね（そうでなくて欲しいです）。

そもそもわが国において、法律というのは国会議員が発案して成案となる「議員立法」が本則であると思います。日本国憲法にも書いてあるとおり、国会議員は全国民の代表であり（国民代表制）、議会制民主主義の下においては、彼らの意思が行政府に対して第一に優先されるべきだからです。

因みに、故田中角栄さんは、〝庶民宰相〟とか〝国民宰相〟と言われた人ですが、仄聞《そくぶん》するところ、とにかく「自分は選挙民ひいては国民のためになることは何でもする」ということで、歴代首相の中で一番多くわが国の法律をつくった政治家だと言われています。「ヨッシャ、ヨッシャ」という言葉が懐かしいです。陳情者に対して、「アンタの気持ちは分かる!!　何とかするよ」ということだったんでしょうね。

これは悪く言うと、選挙民に対する「人気取り」という見方もありましょう。しかし、そもそも政治とはそういうものかもしれませんから、問題は〝出来上がった〟法律の中身がよければＯＫ、ということではないでしょうか。残念ながら、私はその点の検証はできておりません。

いずれにしろ、少なくとも単に法律を〝イジりたい〟というだけの動機による立法は御免蒙りたいところですが、角さんにはそういういい加減さはなかったんじゃないでしょうか。少なくとも「今」と比べると、足がしっかり地に着いていた政治家だ、というようなイメージがありましたから。

今は、手続き的に〝不手際〟があればすべて悪いという、〝揚げ足取り〟に命を懸ける薄っぺらい政治家・マスコミが目立ちますから、政治に醍醐味が感じられません。彼らはただただ、騒ぎ立てて、世の中に混乱をもたらせればよい、という浅ましい根性の連中なのです。情けない！「水清ければ魚住まず」という言葉を、〝清廉潔白すぎる〟立場から非難してはいかんでしょう。マスコミ殿しっかりして下さい。

これに対し、法律には、官僚が発案し国会で審議させて成案となる、というのもあります。法律の大半はこのような「政府立法」ではないかと思います。

今の国会議員たちは、選挙区民との〝お付き合い〟に忙しくて、国民の意を汲み取って法案を熱心に練ってよい法律をつくり、国をよくしようとする人たちは余り多くなさそうに見えます。

これに対し、官僚は「何かしないと……。『ゴク潰し』と言われるのは嫌だ！」と言って、あっちこっちに目を配り、「こんな法律をつくった方がよいんじゃないか？」という、必要性をあまり吟味せず、〝軽～い気持ち〟で法案をつくることが多いのではないかと思います。そうしないと自分たちの〝存在意義〟が見出せないのです。これには前記のとおり、諸々の〝外圧〟も原因しているのかもしれません。今の日本は外圧に弱いですからね。

即ち、官僚は「あえて仕事を〝つくる〟」のが仕事であり、これに対し民間人なり民間企業は「〝生活〟するために仕事をつくる」わけですね。両者はこのように決定的に、〝立ち位置〟が違います。生活に〝税金という後ろ盾〟があるかないか、ということの差は大きい！

因みに、私がたまたま仕事上、役所に行って感じるのは、特に昼食時間など職員が余裕綽々（シャクシャク）でエレベーターに乗り、穏やかな雰囲気に包まれているということですが、民間企業ではそのようなことはあまりないような気がします。もっとも、〝よい雰囲気〟の下で仕事をすることは望ましいことですが、その仕事の中身として本当に〝必要〟なことがなされているのか、という疑念が拭い去れないのです。

そのような法律が政府立法である場合も、結局は国会審議を経るということになりますから、議員立法が少ない（政府立法の方が多い）ことをことさら云々する必要はないかもしれませんね。

しかし、結局、大半の政府立法は民間企業の株主総会で言えば、国会議員の多数（大株主）による〝シャンシャン総会〟みたいなものではないでしょうか。

いずれにしろ、〝選良〟の皆さんであれば、きちんとお役目を果していただきたい！

また、これほど国際関係が複雑になり、〝ボーダーレス世界〟になると、国際関係を意識した立法もなさざるを得なくなります。

直近では、いわゆる〝安保法制〟などはそうですね。これは、実は既存の、

①自衛隊法
②ＰＫＯ法
③重要影響事態法（旧：周辺事態法）
④船舶検査活動法
⑤武力攻撃事態対処法
⑥米軍等行動関連措置法
⑦特定公共施設利用法
⑧海上輸送規制法
⑨捕虜取り扱い法

⑩国家安全保障会議設置法

という10の法律の改正と、「国際平和支援法」という新法からなるものです。この一連の安保法制は、国際情勢が緊張度を増す中で国の存立をかけた当然の手当だと考えます。

それ以外にも、関税法、移転価格税制をつかさどる税法などもそうです。関税とは、元来、自国の産業を保護するために外国からの輸入品の売値に所定の税金を加算し、その実質売値を底上げし、それにより〝相対的〟に割安な国産品がより売れるようにしようというものです。

今（平成30年8月前後）、米中が、〝ひどいほど〟の関税バトルをしています。何か品がないですね。

移転価格税制とは、普通なら５００円で売られる商品を、海外の関連子会社に格安で販売して、日本の親会社は売り上げと法人税の圧縮を図ろう。片や、現地の関連子会社は低い法人税だから、この商品を高価で売っても税金が安くなり、結局、親子間全体では納税額が少なくて済む。というのは〝ケシカラン〟、だから、親子間でも独立した通常の価格で取り引きがなされたものとして、国内でも〝適正〟に課税しようとする税制です。租税回避自体が〝悪〟だとした場合、それが立法されてもしょうがないな、と思います。

これらは一国内だけの問題を超えて他国間にまたがるものですから、むしろ情報を沢山持っている官僚のみなさんに期待せざるを得ないかもしれません。

もともと、優秀な頭脳を持っている人たちだから、その脳を本当の意味で有効に使っていただきたいと思います。どうか〝血税〟を有効に生かして下さい。

第2章

わが国の最近の立法における立ち位置

1．米国流制度の目に余るほどの導入

もともと、島国である日本は大昔から海外の文物を輸入して、それを換骨奪胎してわが国の血肉としてきたという歴史を持つものです。ここでいう「海外」とは、〝いろんな複数の外国〟という意味です。

中国大陸、朝鮮半島、インド、東南アジア諸国、ヨーロッパ諸国等、諸々の国から諸々の文物を輸入してきたわけです。科学技術、芸術、文化、それに軍事制度もそうでしょう。長い歴史の中では、日本独自のものというのはむしろ少ないのかもしれません。

ところが、太平洋戦争後のわが国では、もっぱら「対米」追従姿勢が目にあまり、日本の国内世論としては、現在の日本は米国の「第51州か」と蔑まれるまでに至っています。敗戦直後、わが国は数年間、米国の占領下におかれ、現在でも米軍がわが国に点在する米軍基地に駐留しております。これは、日本人が全体的雰囲気として、米国というものを〝大好き〟になった以上（いや、好きに〝ならされた〟というのが本当のところか？）、ごく自然のことかもしれません。〝チョコレート〟とか〝チューインガム〟は刺激的なまでの

懐柔道具の一つだった気がします。

今、またＴＶコマーシャルに西洋人の男女が多く出現するようにお見受けしますが、50年ほど前は、もっと多かったように思います。コマーシャルに外国人を使う必然性があれば、私も何も言いませんが、どうやら、それはなさそうだし、私にはそういう風潮は〝対欧米追従〟としか思えません。

※ま、ＴＶコマーシャルなど、どうでもいいことですかね。

2. 米国の根本

アメリカでは「西部開拓時代」以来、あるいは独立戦争を経て、未だに拳銃などを持つことが憲法上保障されているわけですが、今ここで米国という国の性格を少し検証してみましょう。

（1）米国は基本的に銃社会であること

アメリカは「西部開拓時代」以来あるいは独立戦争を経て、未だに拳銃などを持つことが「憲法上の権利」とされている狩猟民族だということですね。

市民自身が武装することにより英国からの独立を実現できたのだから、それは簡単に奪われてよいはずがない、ということで、憲法自体が銃の保持を認めているのです。合衆国憲法修正第二条というのにそう規定されているそうです。

左に引用します。

【修正第二条】
規律ある民兵は、自由な国家の安全にとって必要であるから、人民が武器を保蔵したた携帯する権利は、これを侵してはならない。

銃社会であることの反映か、アメリカでは無意味なまでに大量殺戮をするアクション映画が戦後の何十年の間も大流行りです。シュワルツェネッガー、シルベスター・スタローン、トム・クルーズなどが主演するアクション映画などは正にそうですね。確かにこれらは観ている間は思わずスクリーンに引き摺り込まれるようなスリル感ある面白い展開の映画ではありません。しかし、もともと、米国は乱暴者の国なんですよ。

また、日本の映画ファンも派手なアクション映画を好み、「アメリカの○○映画は興収入が○○億円突破！」などと宣伝されますと、それになびきます（もっとも、そういう宣伝数字の正確さは検証されていません）。私個人としては、それら映画の観賞は単なる〝時間潰し〟でしかなく、観た後、何の感動も心に残りません。軽々しく何人もの人を連射銃で殺したりするシーンは、むしろそれを現実社会が模倣するところとなっています。

少々年取った私としては、今さらそんな映画を観るほど、余分な時間は残されておりません！　皆さん、そういう〝乱暴〟な映画を観終わって、「あぁ、よかった、感動した！」と思って劇場を出たことありますか？

私などは、山田洋次監督の「男はつらいよ」に感動し、涙します。「男はつらいよ」こそは〝日本独自の優良な文化〟の一つだとつくづく思いますね。映画の中の登場人物が吐くセリフの一つ一つに人情味があり、〝心のヒダ〟に訴えるところが素晴らしいと思います。

例えば、劇中、沢田研二の色男役が、自分の恋心を意中の女性に告白できなくて湿っぽく悩むシーンがあります。寅さんが「お前は男前だから、女性に敬遠されるんだよ！」と説教する場面において、沢田は口惜しがって「男は〝顔〟なんですか！」と寅さんのその説教に反発したのですが、自分が男前であることを認めた上で、そういう〝ドボケた〟台詞を沢田研二に吐かせる、というのは山田監督による中々小気味よい演出だと思います。

これが〝日本〟でしょう。アメリカとは異質なのです。

（2）大戦の様相

太平洋戦争時に米国はB29爆撃機８００機前後を日本上空に飛来させ、日本の都市部のみならずそれ以外の地域にも、焼夷弾というものを無数に落とし、日本国土を火の海にしたことがありました。これらにより、日本の内地にいた死者は何十万人にも上ったといわれています。これは、当時でも国際法違反だそうです。非戦闘員を殺害することはよくないとされているからです。

すなわち、国際法の一つである戦時国際法（ハーグ陸戦法規、ジュネーブ条約など）によれば、軍事目標以外（降伏者、負傷者、民間人等）への攻撃禁止、軍事的必要性を超える無差別な破壊・殺戮が禁止されていました。

それのみか、終戦直前の8月6日と9日に広島、長崎に原子爆弾を落とし、これまた何十万人もの生命を一瞬にして奪いました。広島の一発でも大きな破壊力が実証されたのに、さらに長崎に2発目を落とすなんて、これらの爆弾投下はやはり、〝アメリカの国威発揚のための実験〟だったというしかないですね。その間に「3日間しか」置いていないのも、〝実験的〟です。

「広島」だけでも日本は降伏していたでしょう。むしろ、米国は「原爆を落とすまで日本に降伏させるな」、という方針だったとも聞いています。

それは、米国の対ソ連対策だったという話も有名です。ロシアに米国の〝力〟を見せつけなければならなかったのだそうです。

Ｂ29と原爆と共通するところは、共に地上からは反撃できない、かつ、被害者は非武装国民だった、ということだと思います。正に一方的な〝殺戮〟だった訳です。およそ日本の武士道とは相容れません。武士道の鏡とされる佐賀藩の山本常朝が認めたとされる「葉隠れ」の〝潔さ〟と全く異質なものですね。

そのような国に人権、民主主義を標榜する資格はないと思います。

今また、化学兵器を使用したということで、米国はシリアを武力攻撃しました。デタラメです。なぜ爆弾攻撃はよくて、化学兵器は駄目なんでしょうか。米国の武器産業が困るから？　ここでも出鱈目です。もう、阿保らしゅうて何とも言えませんね。

それはさておき、右の悲惨な攻撃を受けたという事実にも拘わらず、戦後日本はアメリカが大好きになりました。しかし、それが実のところ「先の大戦は日本が悪かったからだ！」という真の〝反省〟に起因するものだったとしたら、止むを得ないことだと思います。しかし、そうでなく、米国の〝圧力〟により日本が戦争に〝追い込まれた〟ということであったのであれば、戦後の日本国民は何とおめでたいことか！

所詮、単に「勝てば官軍、負ければ賊軍」というのが世の東西を問わない〝公理〟なのであれば、わが国の屈服は実に残念なことです。

おまけに米国は、日本敗戦直後の〝東京裁判〟という茶番劇を主導した国です。「勝者が敗者を裁く」ということ自体、今や、大方の皆さんがおかしいと認識していることですよね。

勝者が「実は私が悪かったんですよ」と言うわけないんですから、また、戦争は関係国がそれぞれの〝国益〟を守るためにやるものであり、実はそこに正も邪もないのですから、日本の〝戦犯〟を裁くというのは〝茶番〟です。そもそも、当時の天皇と軍部のどちらに〝戦争責任〟があるか、といっても、特に〝緊急的〟であれば、指揮命令系統なんて判別しようにないようにも思えます。同じ言葉だって発する方と受ける方で１８０度違うことは平時だってあり得ますから。そのことを考えれば、なおさら、「東京裁判」は茶番でしたね。

実は、私自身、弁護士でありながら、「法律ひいては裁判とは何ぞや？」と日々悩んでいるところです。〝言わずもがな〟、ですが、霞が関などの裁判所で私どもが日々奮闘している〝東京裁判〟と、右の終戦直後の〝東京裁判〟とは全く別物です！

戦争において当事国が相手国の兵士を殺害する、というのなら、それはいわば〝コトの成り行き〟ですからしょうがないという部分がありますが、〝裁判〟というおためごかしの方便を使っていかにも〝われわれが正しかった〟と戦勝国が喧伝するのはずるすぎます。原爆を落としたことを事後的に正当化するためにも、東京裁判をやらねばならなかっただけですね、きっと。

ナチス・ドイツに対する関係でも同様に〝ニュルンベルク裁判〟というのがあったそうですが、浅学非才の私は、そのことをずうっと後の平成25年ころになってから知りました。これは何かしら報道に、日本の戦争責任をクローズ・アップするための作為的なものがあったのでしょうか。

すなわち、東京裁判にだけスポットを当て、世界に日本だけを悪く見せようという目論見が報道機関にあったのか？　それともニュルンベルク裁判のことは私が見落としていただけなのでしょうか（忘れていたのかもしれません）。

いずれにしても、〝勝者の論理〟は無茶苦茶で容易には納得しがたいと思います。そもそも戦争に「良い悪い」があるわけがありません。

前記のとおり、所詮、戦争は〝利権争い〟に決まっているんです。

（３）米国の現状

前記のとおり、日本人と米国人はそもそもＤＮＡがまったく違います。なのに、現代日本人は米国文化というか米国的作法の〝輸入〟大歓迎ですからね。まったく呆れます!!

参考までに申せば（もっとも、これも聞きかじりですが）、平成29年末、米国の経済界は極端なピラミッド型であるというマスコミ報道がなされていました。結論を言えば、米国では全国民の１％に満たない富裕層が国内の利益の九割強を貪（むさぼ）っているということでした。

つまり、われわれ日本人から見れば、豊かに見える米国人もかなりの割合の人々が貧困層らしいです。本当だとすると、恐ろしい検証数値です。ネット社会が蔓延すると日本でも近々避けられない状況になるかもしれません。いや、すでに、現状がそうなっているかもしれませんし、そういう現象は部分的に発現していますよね。

（４）米国の銃規制

はてさて、わが国は右のような国民性を持つ米国の法律を輸入してよいのでしょうか。よいわけないですね。米国自身、その〝矜持〟が真にあるのであれば、その改めて〝あるべき世界の警察〟をめざして真っ当に軌道修正して欲しいところです。
平成30年3月某日のテレビ報道を見ていましたら、米国の高校生が立ち上がって、デモをして、銃規制強化を訴えていた映像がありましたが、米国は反面、そういうふうに〝立ち上がる〟国民性も併せ持ってもいるんですよね。そういう〝動き〟には期待したいところです。そうすると、結果的に（将来的に）米国も改めて世界の評価が高くなるかも……？

因みに、それと併行して、米国では銃規制について「21歳未満の者には銃を販売してはならない、ということにしましょう」という動きもあるようですが、われわれ日本人としてはそれでも不十分であるという感が否めませんが、一気に完全撤廃することも無理だろうから〝徐々に〟進めていくしかないのでしょうね。

ところで、そのような米国・西欧に対して、中国・韓国は日本に対するほどには敵意を抱いていないように感じます。その根底には、やはり、「日本は自分たちから恩恵なり文化を享受してきた成り上がり者ではないか！」という認識があるからでしょうか。あるいは、西欧に対して拭い去れない劣等感があるからでしょうか。
いい加減に〝大人に脱皮〟してくれればよいと思いますが……。

３．最近のわが国における立法の現状

では、以下に、最近のわが国の立法の実際なり傾向を見てみましょう。

（１）裁判員制度

これに似た制度として、戦後間もないころ、確か４～５年くらいの間、〝陪審員制度〟というものが採用・施行されていた時期がありました。これは、おそらく、日本の裁判に国民を参加させて裁判の民主化を図ろうとしたのでしょう。

そもそも、陪審員制度というのは、英国の「マグナ・カルタ」（大憲章）に由来するものだそうです。即ち、これは被支配者層が専制君主から国権の一部である裁判権を奪い、司法の民主化を図ろうとしたもののようです。これも恐らく米国による日本の欧米化政策

の一環でしょう。

しかし、結果的にこれは日本の風土に合わない、ということで廃止されたという経緯がありますす。日本では〝大岡越前の守（裁判官）〟に任せておけばよい、ということだったんでしょうかね。〝民意、民意〟と騒ぎ過ぎるのは考えものです。特に〝民意〟の質が落ちていると思われる昨今ではなおさらではないでしょうか。

それにもかかわらず、それから60年経って〝わが国民も成長し、西欧の風土に馴染むようになった〟と判断されたのか、平成21年、陪審員制度の〝亜種〟ともいうべき裁判員制度というのが、あえて国民の大半の反対を〝押し切って〟つくられました。

一体何を考えているんでしょうか？　オカミは税金の無駄遣いということには一切頓着しない人たちなんですね。否、官僚にとってはむしろ、税金の無駄遣いこそが自分たちの〝使命〟なんですかね。その〝効用〟はもはやありませんから、大いに反省して税金の支出を節約して下さい。

前記のとおり、この制度は裁判に民意を反映させよう、そうすれば、日本の刑事裁判が民主化されてよい国になるだろうということで採用されたようですが、それ以前の刑事裁判に同制度を採用しなければならないような何かの不都合があったんでしょうか？

そのための実証データはあったんでしょうか？

目的としては〝冤罪の撲滅〟というのがあったのかもしれませんが、それはもともと〝捜査側〟の話でしょうし、〝裁判官〟の問題ではないのではないかな。〝立法〟するのであれば、捜査方法に関する法律とか刑事訴訟法の改正で足りるはずだし、裁判自体に国民を参加させる必要性は全く判らない。大体、国民の誰が、あるいは、何割が同制度を望んだのですか？　やはり、米国の猿真似をしたかっただけだとしか思えません。しかも、終戦後の陪審制の焼き直しです。

因みに、裁判員制度の導入により、裁判官の皆さんは「却って職務上の負担が増えた」、と感想を述べておられた、ということを聞いたことがあります。もっとも、それは導入直後くらいの裁判官の〝感想〟でしたので、今はどうか分かりませんが、職業裁判官とすれば、今でもそのような制度はなくてもよいと思われているんじゃないでしょうか。「モチはモチ屋！」。

もし、そうだとすると当時の裁判官の皆さんこそ、嫌なら事前に反抗すればよかったのに、導入に反対しなかったというのは、〝事なかれ主義〟だったと言われてもしょうがないんじゃないでしょうか？

憲法上明記されている〝裁判官の独立〟ということも実は「ない」に等しいのでしょう。

因みにわが国の裁判には、〝合議制〟というのがあり、単独の裁判官が法廷を主宰するにふさわしい事件と、そうではない複数の裁判官で処理するのが望ましいという重大事件がありますが、これなどは意見表明自体は〝独立〟であっても、結局、多数意見には〝拘束される〟のですから、むしろ、他省庁に対する関係では「裁判官の独立」ではなく、「裁判所の独立」といった方がベターでしたね。〝裁判官の独立〟ということの根底に、「三権分立」ということがある以上、その方が理論的にはむしろ正しいと思います。

官僚のやることがすべて悪いとはいいませんが、官僚の皆さんにはもっと〝合理的に〟働いて欲しいものです。そうしたら、裁判員制度などという無駄な法律をつくろうなどとは思いつかなかったはずです。ところで、この制度、一体いつまで続けられるんでしょうか？　これ以上、税金の無駄遣いは止めて欲しいものです。裁判員制度の導入により、どの程度の税金が使われるようになったか……。

（イ）裁判員制度を導入することによってかかった経費

それは次の資料のとおりだそうです。

司法制度改革関係予算の推移

（単位:億円）

項目＼年度	H13	H14	H15	H16	H17	H18	H19	H20	H21	H22	H23	H24	H25	H26	H27	H28
法テラスの運営等	85.6	92.4	100.1	109.9	128.2	176.6	205.4	195.8	262.4	311.0	313.5	318.6	285.3	319.4	313.2	311.9
裁判員制度関係	–	–	–	0.0	16.6	107.1	123.0	105.6	65.1	55.1	51.9	50.5	52.7	20.8	16.8	18.1
法科大学院に係る財政支援	–	–	–	89.0	99.0	98.0	93.0	92.0	83.0	71.0	68.0	65.0	58.0	55.0	51.0	–
司法修習生手当等	71.2	70.6	76.6	78.1	91.7	111.6	122.2	126.3	131.3	113.3	105.7	71.3	71.6	65.1	59.7	55.4
司法修習生手当・貸与金関連	58.3	57.9	63.9	64.2	76.0	91.5	100.3	105.0	108.9	96.2	89.6	62.8	64.1	56.6	51.5	47.3
その他	1.3	1.3	2.4	12.4	17.7	13.7	15.1	20.4	15.6	16.5	19.0	16.1	15.1	15.8	15.4	14.1
合計	158.1	164.2	179.1	289.3	353.2	507.1	558.8	540.1	557.4	567.0	558.1	521.4	482.7	476.1	456.1	–

（注1）特に注書のない計数は、当初予算計上額を記載。

（注2）法テラスは平成18年10月に業務開始。「法テラスの運営等」欄の予算額には、国選弁護人報酬に係る裁判所予算（平成13～26年度）、（財）法律扶助協会への補助金（平成13～18年度）も含む。

（注3）「法科大学院に係る財政支援」欄は、

①国立大学法人における法科大学院に係る運営費交付金（試算額）、②私立法科大学院に着目した私立大学等経常費補助金（交付実績額）、③国公私を通じた教育改革の取組支援（法科大学院を含む専門職大学院を対象）（予算額）の合計。

国立大学法人運営費交付金は詳細な使途の特定がない「渡し切りの交付金」であるため、法科大学院に係る額を算定することはできないが、一定の考え方に基づき試算。

（注4）「司法修習生手当・貸与金関連」の欄の平成22・23年度については、4～10月までは給費制、11～3月までは貸与制を前提とした経費を計上。

（注5）「その他」の欄は、司法試験関係経費、法科大学院への派遣関係経費、民事司法制度の改革に関する経費等。

（参考）

（単位:億円）

	H16	H17	H18	H19	H20	H21	H22	H23	H24	H25	H26	H27	H28
日本学生支援機構の奨学金事業	68	105	129	129	129	122	113	110	72	67	67	65	65

・法科大学院を対象とした予算上の事業費（返還金等の自己調達資金を含む）を記載。なお、奨学金事業全体の事業費に占める一般会計負担額は約1割。（文部科学省データ）

少なくとも、平成17年から平成28年の12年間に、累計683億3千万円（年平均約57億円）が費やされています。最近の年間の国家予算が約97兆7千万円ですから、累計額は国家予算の約0・07％ですが、〝意義のない支出〟としては決して少ない金額ではないですよね。また、その費用の中には裁判員に対する「日当」という費用が当然のごとく含まれています。

〝裁判の民主化〟を図る制度のためであるのに、〝裁判員を日当で釣る〟というのはいかにもそれが、そもそも国民が〝嫌がる〟制度である、ということが分かっていたということではないかと思います。うがち過ぎでしょうか。「胸張るべき制度」であれば、交通費などの実費だけの支給でよかったのではないでしょうか？　ま、しかし、仕事を休んでまで裁判員としての公務を果たす、というのであれば〝日当〟もあってよいですかね。

参考のために申し上げるのですが、裁判員裁判の対象である〝重大事件〟においても、裁判員が〝危害を加えられる恐れのある事件〟については、裁判官だけで審理される、とされています。何か〝ツギハギ立法〟のような気がしませんか？「こういう手当てをしていれば全体としてこの制度が国民に受け入れられやすいだろう」と考えられたのではないか、という意味です。

（ロ）同制度採用による効用

全く分かりません！　全くないんじゃないでしょうか。あえていえば、裁判員が裁判所に向かう交通費分、経済が活性化した、ということくらいでしょう。

ということは、やはり、同制度はほとんど意味のない悪法だったといわざるを得ません。現に私の身の回りに、同制度の〝利点〟ないし〝長所〟を得々と述べる人の存在を未だに見聞きしたことはありません。かくなる上は、そろそろ同制度の廃止に向けての議論を国会議員の皆さんには始めて欲しいと思います。

「国会議員を減らせ」と言われるのが嫌なら、選民の皆さんには、せめて、裁判員制度に関する支出をなくす方向に努めていただきたいところです。

因みに、平成29年1年間で裁判員候補は36％が無断欠席だったそうです。また、近年欠席率は上昇傾向なのだそうです。不人気なわけですね。裁判員法には正当な理由なく欠席すると、「10万円以下」の過料が課せられうるのですが、裁判に民意を反映させるための制度が裁判員欠席の場合の過料規定まで準備しているというのは不思議な感じですね。一体、オカミは何を考えているんでしょうか！　偏った理論で動いているのが官僚社会なのでしょう。

まだ、その過料が課された事例が一つもないということですが、それはせめてもの〝救い〟です。

※ところが、右に反し、政府与党はこのたび、参議院の定数を6名増員することを決議しました。〝目が点〟になりました！　選挙のたびごとに提起される議員定数の不均衡是正訴訟に対する対応策としてはあまりにもお粗末ですね。

（2）法科大学院制度
これも米国流の制度の〝借用〟です。「日本における従来の司法試験が勉強一筋で、〝皆、顔が同じ〟で個性的でなく、いろんな人材を輩出できていない、したがって、新しい法曹を幅広い分野から発掘し、多様な人材を得ましょう」ということでスタートしたものでした。

「大学時代に学部が法学部だと2年の既習者コース、法学部以外だと未習者コースといって3年の研修を受けた後に司法試験を受ける、しかも、受験回数制限を設ける」、というものです。また、それとともに、合格者数を増やし、法曹を国民の身近なものにしましょう、と政府は目論んだのです。即ち、制度発足当時は、年間２５００人の合格者数をめざす、というものでした。

しかし、合格者数を増やしさえすれば法曹が国民に身近なものになる、という考え自体が実は〝浅はかな幻想〟でした。その「多様な人材」という言葉は、まさに〝耳障りのよい〟ものでしたが、それはそもそも幻想でしょう。あえて申せば、現代は「皆、没個性時代」ではないかという感じです。何が〝個性〟ですか。個性は〝結果〟であり、第三者である官僚が発見できるものではないでしょう。

いずれにしろ法科大学院制度施行の結果、国内には弁護士は溢れ返り、飽和状態となったといっても過言ではありません。ですから、〝多様な人材〟を求めたければ、合格者数は従来どおり維持して（旧司法試験時代は年間５００人前後の合格者数）、試験制度を改善工夫して門戸を広げればよかっただけではないか、と思います。簡単にいえば、受験科目・試験方法を変える、とかですね。

もっとも、最近では法科大学院に入学する者の数も、司法試験の合格者数も、はたまた、大学院の数自体も減少傾向にあるわけですが、結局、これらの現象を前提とする限り、この制度は〝大失敗〟だったということですね。しかし、誰もこれについて責任を取らない。その結果、現在、司法試験合格者数を「１５００人を目途に減らす」と当局はいっています。どういう〝掛け引き〟で、「１５００」が出たんでしょうか。

また、最近では、弁護士資格を返上する人が全国で毎月20人くらい出ているようです。高齢を理由とする方々もいらっしゃるようですけど、登録年数が若い人でも資格返上する人が20人前後もいるということです。これは、恐らくそれに見合うほどの収入が得られていないにもかかわらず、弁護士会の〝年会費の高さ〟が理不尽だということが背景にあるのではないかと思われます。

日弁連が司法試験合格者数を増やすことに加担していながら、言い換えると、自ら弁護士数を増やしていながら、年会費を相当な額まで減額しないんですから、それはおかしいんじゃないですか？　かなり、弁護士会の運営経費だってアナログからデジタル化されて節減されているはずですよ。

そろそろ、弁護士会の強制加入制度は廃止して任意加入制にしなければならない時期です。

現にわれわれは弁護士会から会費に見合う何らの恩恵も受けていない、というのが実感ですし、強制加入制度が廃止されるべきは当然です。それのみならず、弁護士が増え過ぎると、他業界と同様、ご多分に漏れず、いわゆる「グレシャムの法則」により、〝悪貨〟により〝良貨〟が駆逐されます。「安売り競争」になるわけですから当然ですね。どの業界だってそうです。仕事を取るためには、安請負いをせざるを得なくなり、そうしたら、例えば、建設業界では、コストカットを図って、〝手抜き工事〟がなされるわけです。これと同じです。〝手抜き工事〟は〝負の遺産〟で、後で高いツケが回ってきます。

ところで、米国では、「アンビュランス・チェイサー」（仕事に溢《あぶ》れた弁護士が交通事故の損害賠償訴訟を受任しようとして、救急車の後を追って回る、ということ）という言葉が流行っている、と日本国内で聞かれて久しいのですが、そういうことをオカミも聞き知っていながら、〝何者か（悪魔）の囁き〟にしたがって、右のような米国流の法曹養成機関をつくってしまったわけです。

この法科大学院制度創設についても、〝新制度〟を採用する際に必要な〝利益衡量〟が全くなされていなかった証拠です。

「安かろう、悪かろう」は現代でも通用する〝世の正論〟なのでしょうね。情けない！

ここでも、安易に「仕事として何かやりたい、そうすればこれで世の中がよくなるだろう！」と中坊（元日弁連会長）さんなりオカミが安易に考えた結果です。否、むしろ、世の中をよくしようとは全く考えていなかったのでしょう。一般論ですが、〝老人〟は〝未来〟を見る目に曇りがあるのではないか？

真剣な因子分析をすれば、現在の状況出現は想像に難くはなかったでしょうし、そうすれば馬鹿な〝イジクリ〟はしなかったんじゃないかと思います。ですから、〝失政〟を国民に対して〝陳謝〟したくなければ、最初からいい加減な法律・制度をつくりなさんな！

制度を変えるなら覚悟を決めておやりなさい！

余計なことかもしれませんが、私個人としてはロースクール制度の創設は司法試験予備校の隆盛により、大学の法学部教授たちの存在意義が希薄になり、したがって、彼らの〝復権〟をサポートするためだけの制度だったのではないか、とすら勘ぐってしまいます。結果的にその創設により、どのような〝社会的貢献〟があったのでしょうか。どんなに〝贔屓目〟に見てもそれに思い当たりません。現場に身を置く私自身、全くその〝利点〟が判りません。

（３）個人情報保護法

これは、個人のプライバシーは保護されなければならない、という〝高邁〟な発想の下、米国流の法律が導入されたものです。立法趣旨は、「高度情報通信社会の進展に伴い、個人情報の有効性に配慮しつつ、個人の権利利益を保護することを目的とする」、ということになっています。

確かに、それは立派な立法趣旨のように見えます。しかし、中身があるようで実は空疎な、かつ、意味不明な表現です。結果、これにより過度なまでに情報規制が敷かれ、社会に不便・不都合をもたらしている面も否定できません。

例えば、これまで弁護士として争いの相手方（関係者）である個人の住民票を取り寄せるのに、対象者が「Ｎｏ！」と言うとそれを取り寄せられなくなる、という自治体も出てきました。

確かに世の中には個人情報を悪用する輩がいますが、せめて弁護士の職務上の情報収集には支障をきたさないように運用していただきたいところです。

弁護士でないものが、有資格者である弁護士の名義を借用して違法に住民票を取り寄せる。そして、それを悪用するということがあったようでしたが、それは〝別の手立て〟で阻止していただきたいものです。一つは、そのような場合、「弁護士法違反」の罪で対処すれば済むことです。

また、〝情報〟が過度に規制された中では、〝真実の発見〟ということが阻害されて、結局、「世の中のため」にならないのではないでしょうか。ここでも、最近の立法が何のためになされているのか判らない、という批判が当てはまると思います。

また、この法律でプライバシー保護を図ろうとしても、所詮、〝イタチゴッコ〟で終わるのではないでしょうか？

仮にイタチゴッコであっても、長い目で見ればそのような法律により弊害の蔓延の〝抑止力〟にはなっているということですかね。いずれにしても、プライベートな友人・知人関係においても、「個人情報だからあなたには教えない！」という生真面目（？）な御仁が増えて、〝窮屈〟極まりない世の中になったと思うこと、しばしばです。

勘ぐれば、「個人情報保護法」というもの自体、法科大学院制度と相まって、弁護士界の健全な業務の妨害を目的としたデタラメ立法かもしれません。ここでも、その法律をつくることのメリット・デメリットの利益衡量が十分になされなかった、としか申し上げようがありません。

おそらく、法案が提出される場合は、法案の〝メリット〟部分だけが過度に強調され、〝デメリット〟部分は過少にしか評価されていないという場合が多いのではないでしょうか。この利益衡量作業は決して難しいことではないように思いますが、全体として実にお粗末極まりないですね。言葉を変えると、マニュアルでしか現代日本人が行動できなくなった、という証しですかね。

（4）セクハラ・パワハラ法（男女雇用機会均等法：第一一条）

この際、同法自体の誕生自体の是非についてはあえて云々しませんが、同法同条が言及している分野など、従来の一般不法行為法だけで十分に対処できたはずです。立法趣旨は、そのような不法行為に該当し得る行為を具体化・類型化し、世間を啓蒙することにこそ意義があるのだ、ということでしょうが、それには及ばなかったのではないか、というのが私の意見です。

こんな規制をすると、かえって企業内部の不必要なまでの萎縮というか〝潤滑油の枯渇〟、を招くものでしょう。こんな分野は一般法に委ねればよいのです。

第一、マスコミはいわゆる〝セクハラ〟事件が起きると何日にもわたり、鬼の首を取ったように報道します。全く辟易します。お願いですから止めて下さい。そんな報道していて恥ずかしくないですか？　番組の作成費が安上がりで済むんですか？

うがった見方をすれば、こんな法律をつくるから若い人が臆病になって、異性との「交わり」を面倒くさがり、結果として「少子化」の原因の一つとなっているのかもしれません。立法する前に、そういう〝因子分析〟をやってもらいたいものです。

要するに、立法関与者は勉強ができただけではいけないと思います。繰り返しますが、立法に携わる方々、きちんと〝因子分析〟して下さい。やはり、折角、頭が良く生まれた方々は、それを実質的に生かすために庶民の〝現場〟を経験することを必須のキャリアとすべきでしょう。それを経ないで、まともな仕事ができるわけないでしょう。〝試験でライバルに打ち勝つ〟こと自体が目標であり自慢であった人は、かわいそうだなと思います。法科大学院制度をつくった皆さんだって、その制度創設の〝趣旨（幅広い人材の創出）〟と無縁であってよいはずがありません！

①セクハラの実例

次頁の資料はセクシャルハラスメントの指針として、人事院が準備したものです。

人事院規則10-10（指針）

〈セクシュアル・ハラスメントになり得る言動〉

セクシュアル・ハラスメントになり得る言動として、例えば、次のようなものがある。

一　職場内外で起きやすいもの

(1) 性的な内容の発言関係

ア　性的な関心、欲求に基づくもの

① スリーサイズを聞くなど身体的特徴を話題にすること。

② 聞くに耐えない卑猥な冗談を交わすこと。

③ 体調が悪そうな女性に「今日は生理日か」、「もう更年期か」などと言うこと。

④ 性的な経験や性生活について質問すること。

⑤ 性的な噂を立てたり、性的なからかいの対象とすること。

イ　性別により差別しようとする意識等に基づくもの

①「男のくせに根性がない」、「女には仕事を任せられない」、「女性は職場の花でありさえすればいい」などと発言すること。

②「男の子、女の子」、「僕、坊や、お嬢さん」、「おじさん、おばさん」などと人格を認めないような呼び方をすること。

(2) 性的な行動関係

ア　性的な関心、欲求に基づくもの

① ヌードポスター等を職場に貼ること。

② 雑誌等の卑猥な写真・記事等をわざと見せたり、読んだりすること。

③ 身体を執拗に眺め回すこと。

④ 食事やデートにしつこく誘うこと。

⑤ 性的な内容の電話をかけたり、性的な内容の手紙・Eメールを送ること。

⑥ 身体に不必要に接触すること。

⑦ 浴室や更衣室等をのぞき見すること。

イ　性別により差別しようとする意識等に基づくもの

女性であるというだけで職場でお茶くみ、掃除、私用等を強要すること。

二　主に職場外において起こるもの

ア　性的な関心、欲求に基づくもの

性的な関係を強要すること。

イ　性別により差別しようとする意識等に基づくもの

① カラオケでのデュエットを強要すること。

② 酒席で、上司の側に座席を指定したり、お酌やチークダンス等を強要すること。

東京都産業労働局『職場におけるハラスメント防止ハンドブック』より

何やら、通常のコミュニケーションのレベルを超えるものもいくつかありますが、そこまで類型化しなくてよいのではないかと思われる程度のものが多いような気がします。

②パワハラの実例（某企業の社内指南書を引用）

類型としては

（i）退職強要型

・退職届の提出をストレートに強要する
・仕事を取り上げる
・本人のキャリアにふさわしくない仕事をさせる
・仲間と席を離して孤立化させる
・過大なノルマ
・遠隔地への配置転換

（ii）人間関係型

・人格を否定するような侮辱的な発言・叱責
・からかい

・無視、無交渉

などなどです。

しかし、これらはあくまで「該当しうる」ものの類型化ですから、これらにあてはまれば、常にパワハラになる、ということではないということを十分に認識して下さい。企業としてはやむを得ず右類型行為をとらざるを得ないこともあるのですから、あまり硬直的過ぎて神経質になりすぎないようにしなければなりませんね。何事もほどほどです。

(5) 種苗法

現在、「種苗法」というものがあります。「知ってる人は知ってる」「知らない人は知らない」特殊な法律です。

①立法経緯

戦前より、欧米を中心に、植物の新品種を保護しようという試みがなされてきました。アメリカでは特許制度により取り込んで、一元的に開発者の権利を保全しようとしていましたが、ヨーロッパでは、偶然的な新品種の発見があり得る植物は、その特性からして特許制度には馴染まないという考えから、他の特別な制度を設ける動きが広がりました。

そうした流れの結果、戦後になって、植物の新品種を〝育成者権〟という知的財産権の対象として保護することによって、植物新品種の開発を促進し、これを通じて公益に資することを目的として、植物の新品種の保護に関する条約（ＵＰＯＶ条約）というものが締結されました。

日本では現在、「種苗法」という法律がその目的を果たしておりますが、この法律は、わが国が昭和57年に右条約に加盟するにあたり、従前の農産種苗法を改正・整備したものです。

この農産種苗法という法律は、戦後、ＧＨＱから劣悪化した野菜種苗の改善を求められたことを契機に、不良種苗の取り締まりと優良種苗の育成を目的として制定されたのが始まりです。そこでは、優秀な新種苗を育成した者は、種苗の名称登録を受けることで、その名称の使用を独占することができるという、名称登録制度が設けられました。

しかし、この名称登録制度は、諸外国と比較して、まだ種苗の保護の内容等が不十分だということがありました。

例えば、名称登録制度では、単に登録者が名称の使用を独占できるのみであったということや、保護期間が短かった点が不十分だったそうです。

UPOV条約に加盟すれば、わが国でも種苗を保護するための制度が整備されていることが諸外国に向けてアピールできますから、加盟諸国からの種苗の輸入を促し、国際的な種苗の交流を図ることができます。そこで、昭和57年の条約への加盟に先立って、保護の内容等が不十分な農産種苗法を改正・整備しようということになったのです。

②立法趣旨

前記のような経緯を経て出現した現行の種苗法ですが（平成10年法律第八三号）、種苗法における品種登録制度は、新品種を育成した者に対して、知的財産権の一つである育成者権を付与することによって、〝品種の育成の振興を図る〟ことを目的としているんだそうです。

出願された新品種の特性が既存品種と異なるなどの一定の条件が満たされていると認め

られれば品種登録され、開発者に対して、当該新品種を業として利用する権利を専有することを認める育成者権という権利が付与される（存続期間は原則として25年間）ことになっています。

新品種を開発するためには、知識と技術を身につけた専門家が、長期にわたって研究開発をする必要があるわけですが、それには多くの時間と費用を投じなければなりません。しかし、一旦新品種が開発されてしまえば、それが植物という生物である以上、開発者でなくとも種や苗を入手しさえすれば、新品種を増殖させることが可能となりますが、しかし、そうなると開発者が新品種を利用して、投下した費用を回収し、利益を上げる機会を失うこととなる。それは〝ケシカラン〟というのが、種苗法の品種登録制度なわけです。

③問題点

種苗法における品種登録制度は、主に植物の新品種の開発を担う種苗会社を保護するものであり、それが悪く運用されれば植物の世代が変わるたびに利用料を払わねばならなくなる農家の負担は大きくなるものと思われます。すでに、アメリカでは、世界最大の種苗開発会社であるモンサント社が自己の〝育成者権〟を盾に取って農家に対して多数の訴訟を起こしており、日本でも同様の動きが起こることが懸念されます。

農作物市場においては、形や大きさなどが規格どおりの農作物やブランド品種が求められる傾向にあるため、農家は、種苗会社が開発した種苗を利用せざるを得ない状況にあります。

しかし、このような種苗は、特定の農薬や化学肥料とセットで使用する必要があることが多く、農家は種苗企業から、種苗と併せて農薬や化学肥料も仕入れねばならないようです。農薬や化学肥料は化石燃料を使用するものが多く、今後、種苗企業のシェアが拡大の一途をたどれば、気候への影響も大きなものとなるし、土壌汚染も看過できないものとなり得ます。

そして、種苗企業の開発した種苗による農業は、大規模機械化農業が適しているため、被用者の減少へとつながり、小農民を農業生産から追い出すことにもなりかねません。

農業に素人である私としても、長い目で見て、育成権者と農家との適正な共存関係を模索・検討した法制が望まれます。

（6）消費者裁判手続特例法

これは平成28年10月に施行された法律ですが、その立法趣旨は、消費者トラブルの被害者に代わって公認された「消費者団体」なるものが、訴訟を提起して損害金の返還を求めることができるようにした、というものです。

これは端的にいうと、多数の被害者が発生するという消費者トラブルについて「特定適格消費者団体」というわけの分からない団体が消費者の個別の依頼なく、トラブルを起こした企業を訴えることができる、というものです。そして、それにより勝訴できたら〝団体〟が一般消費者に呼びかけ、賠償金を〝分配する〟という仕組みのようです。

こんな制度があること、読者の皆さんご存知でしたか？　実は弁護士である私も知りませんでした。新聞報道で最近、初めて知った次第です。一体、誰がこんな法律を望んでいたのでしょうか。忖度するに、これは個別であれば多数の訴訟に追われる裁判所の煩雑な事務（手間）を省くために〝一括処理〟をねらったものかもしれません。そうだとすると、この法律は究極的には国民のための法律ではないのだ、ともいえます。即ち、〝不要〟な法律です。

現に、この法律が施行されてから1年半近く経った今（平成28年10月施行）、現実には未だに一件も提訴されていないそうです。新聞報道によると〝実態把握〟が困難だからか、と評されていましたが、その評価が〝的を得ている〟としたら、正にこの法律は「何のための立法だったのか」ということになります。阿保らしい限りです。ひょっとしたら〝天下り先〟？

(7) カジノ法（特定複合観光施設区域の整備の推進に関する法律他）の成立

この法律もあっという間に国会を通過成立しました。いたずらに時間をかければよいというものではないでしょうが、そもそも賭博というもの自体が、この世の中からなくならないものでしょうから、一定の限度で許可しようというものを止むを得ないとは考えますが、その〝運用〟が立法目的をきちんと達するようにできていければ、と念ずるのみです。

くれぐれも、開業を許可される施設が、いわゆる官僚の〝天下り先〟になり下ることにならず、納税の実質的平等を図る制度だ、ということが前面に押し出されるとよいなと思います。

４．改めて立法の必要性

果たして、前記３．で述べた諸法に関して、見るべき成果が上がったか、というとはなはだ疑問です。ところで、「立法」というものには、それが〝全く新しい法領域〟に関するものである場合と、既存法律の〝改正〟に関わる場合、の二通りがあります。

（1）新しい法領域の場合

前者の場合は「その立法止むなし」ということが多いでしょう。〝まだ見ぬ領域〟ですから経験材料が乏しく、人々は臆病になりがちだからです。しかし、その場合も「内容の適切性」に十分注意してもらいたいものです。〝行き過ぎた〟規制であったりすることがないようにして頂きたい。

最近では〝ドローン〟という「空飛ぶ無人機」の規制をどうするか、というのが目新しい問題ですね。空を飛ぶ物体を規制する法律としては、「航空法」というものがあるそうですが、その改正によって「飛行機、回転翼航空機、滑空機、飛行船であって構造上人が乗ることができないもののうち、遠隔操作または自動操作により飛行させることができるもの」（ドローン等）について、それなりに規制がかけられたようです（その詳細については説明を省かせていただきます）。今までなかったモノ、とはいえ、それを使用（活用）することの有益性と有害性を綿密に利益衡量した上での規制立法がなされるべきでしょう。

「ちゃんとそれをやっていますよ」という声が聞こえますが、それでも結果的に〝不具合〟が露呈するものです。

その面でも素人の私ですが、後々、〝不具合〟が出てくることは容易に予測できます。嗅覚的にそれは分かります。おそらく、経済界の要請と政界との綱引き、だと思います。

また、いわゆる〝民泊〟に関する「住宅宿泊事業法」というのもそれに近いものがありますね。これは東京オリンピックを前にした現在でも、外国人旅行者が年間三千万人前後になろうとしている状況において、彼らの宿泊先を確保してやろうという法律です。平成29年に成案となり、平成30年6月に施行されました。旅館業法との関係で既存業者の保護と新参者の業務参入容認との利害調整ですね。

この法律は、旅館業法上の「簡易宿所」と異なり、届け出を行なうだけで民泊事業を営むことを認めるものですが、民泊は営業日数が年間１８０日に制限されており（条例によるさらなる制限もあり得ます。）、事業としてペイするか不透明なためか、届け出件数は事前の想定を大幅に下回っているようです。

それに比して、簡易宿所の新規許可件数は増加傾向にあるとのことですので、わざわざ「住宅宿泊事業法」を作るまでもなく、簡易宿所の許可基準を緩和するだけで〝需要〟に対応できたのではないかとの疑念がぬぐえません。

（２）既存法律の改正の場合

この場合、〝改正〟しなければどうしても都合が悪い、という場合に限定されるべきでしょう。そうでない場合は、解釈・運用の仕方の工夫で間に合うことが多いはずです。特に、民事においては民法上、「信義誠実の原則」、「権利失効の原則」、「信頼の原則」、「公序良俗の原則」、などという〝調整原則〟があって、明文の規定のないところでもそれらを応用することにより、十分に具体的妥当性の調節ができると思います。

確かに明文があった方が〝迷い〟がなくてハッキリしているようですが、〝明文〟も結局解釈が分かれることがないではなく、必ずしも一義的に明らかではありません。弁護士である私が言うのですから間違いありません。はっきり言って、弁護士の仕事は〝文言解釈合戦〟なのですから。

（3）外国人による土地取得規制の必要性について

ところで、〝立法の必要性〟といった場合に私が今、一番必要性を感じるのは、外国人による日本国の不動産（土地）の所有規制の整備です。「国家権力のあり方と私有財産の帰属とは別問題だ」と主張する憲法学者がいらっしゃいましたが、これは実に甘い考えです。単純に考えても、仮に日本全土が外国人に買収された後でも、日本国政府の統治力は〝永久に不滅です！〟とはいえないでしょう。〝全土〟でなくても、枢要な部分を外国に買い取られたら事の本質は同じです。

〝平和ボケ〟は治しましょう。

即ち、即刻、日本国は外国人による土地所有を原則禁止する法律をつくらなければならないのです。そうしないと国の政治が著しく損なわれ、歪められることになることは明らかです。しかし、最近はそういうことを真面目に考えない政治家・マスコミが多くて情けないこと、この上ありません。

これに関しては、大正末期につくられた「外国人土地法」というのがあるにはあります。しかし、これは条文上は、外国人などによる土地取得は「勅令」に条件を付すことで許される、という趣旨の規定です。

しかし、その勅令が今まで発せられたことは一度もない、ということですから、これまで外国人による土地取得は〝野放し〟だった、ということです。しかも、〝勅令〟は天皇陛下が下されるものだったのであるから、陛下にそのような権限が認められなくなった現在、形式的には「外国人土地法」は失効していると考えられます。だから、今頃、北海道の水源地とか富士山の麓とかの外国人による取得に対して不安を募らせなければならなくなっているのです。

それなのに、国会議員なり官僚も真剣にこの問題に取り組もうとしていません。〝馬鹿丸出し〟です。

この問題は憲法改正と同じように、あるいは、それ以上に重大な問題なのだから、もっと危機意識をもってもらわなければ困ります。日本は、この外国人による土地取得ができたらめなほどに進んだときに、〝日本ではなくなっている〟のです！ 要するに、「私有地だって〝国土〟だ」、という正しい認識を持たないといけませんよ！ だから、外国人による土地取得は〝原則禁止〟にしなければなりません。

他にも、〝国の存立〟のために立法した方がよい、と思われる分野がいろいろあり得るでしょうが、関係各位にはそのような視点をもって立法作業に勤しんでいただきたい。

5. 従順すぎる日本人

前記の4．とも関連しますが、なぜ日本人は最近、〝米国流〟に傾倒するのか。「それでも〝輸入〟に際しては日本流にアレンジしているのだ！」という声があるかもしれません。しかし、それは〝枝葉末節〟のレベルのアレンジでしかあり得ないと思います。

即ち、その〝米国流〟はそもそも、わが国に植え付ける必要のない〝幹〟であったりするのです。

前記のとおり、そもそもわが国は植える必要のなかった、あるいは、植えてはならなかった樹々を植えてしまったことについて真摯に思い（反省）を致すべきです。

もう、これらわが国の立法に関する一連の動きは前述のとおり、わが国が〝米国の第51州〟となる準備をしているのだとしか考えられません。

「そのほうが日本が安全でいられる」、という考えであれば情けないことだと思いますが、日本国というものを大切に思うのであれば、きちんと足元を見据えて〝本来のあり方〟をよく考えなければなりません。

ついでに申せば、わが国はもう少し自国に自信をもってよいのではないでしょうか。特に政治家の皆さんにそう申し上げたい。もともと身体の中の〝ＤＮＡ（血液）〟が日米では全く異なるのだから〝無理なものは無理〟なのです。

米国だって、所詮〝風見鶏〟なのだから、信用してはいられません。米国に頼ってばかりいられません。国際情勢は変わるんだから当たり前のことです。

もっとも、ＡＩの進化とか世界共通の基盤が求められるような分野は各国で似通ったものにならざるを得ない部分があるかと思いますね。そういう正しい〝見極め〟をしなければなりません。そうでないと、日本は〝どっちつかず〟の〝くだらない三流国〟になり下がります。すでにそうなっている、という声が聞こえてこないではありません。

私はそれなりに野球ファンなのですが、従来は、ピッチャーの投げたボールカウントの順番は長い間「S（ストライク）B（ボール）」でした。ところが、米国では「BS」の順だということで、日本でも現在は「BS」です。なぜこんなに日本は無批判に米国流への変更を受け容れたんでしょう。何十年も「SB」だったのを急転直下「BS」にする日本という国は一体、何なんでしょうか！　高校野球までそうなったんですから訳が分かりません！　ここでも、「日本は米国に逆らえない弱腰の国なんだ！」と蔑まれていますよね、きっと。

6. 敗戦の残滓

ところで、そもそも、日本が米国流を採用することになった淵源は、「日本国憲法」という押し付け憲法にあります。皆さん、「大日本帝国憲法（明治憲法）」を読んだことありますか？　参考のために部分的ですが、次頁に紹介します。少し長いですが、我慢して読んで下さい。

大日本帝国憲法（抄）

第一章　天皇

第一条　大日本帝国ハ万世一系ノ天皇之ヲ統治ス
第二条　皇位ハ皇室典範ノ定ムル所ニ依リ皇男子孫之ヲ継承ス
第三条　天皇ハ神聖ニシテ侵スヘカラス
第四条　天皇ハ国ノ元首ニシテ統治権ヲ総攬シ此ノ憲法ノ条規ニ依リ之ヲ行フ
第五条　天皇ハ帝国議会ノ協賛ヲ以テ立法権ヲ行フ

第六条　天皇ハ法律ヲ裁可シ其ノ公布及執行ヲ命ス
第七条　天皇ハ帝国議会ヲ召集シ其ノ開会閉会停会及衆議院ノ解散ヲ命ス
第八条　天皇ハ公共ノ安全ヲ保持シ又ハ其ノ災厄ヲ避クル為緊急ノ必要ニ由リ帝国議会閉会ノ場合ニ於テ法律ニ代ルヘキ勅令ヲ発ス

二　此ノ勅令ハ次ノ会期ニ於テ帝国議会ニ提出スヘシ若議会ニ於テ承諾セサルトキハ政府ハ将来ニ向テ其ノ効力ヲ失フコトヲ公布スヘシ

第九条　天皇ハ法律ヲ執行スル為ニ又ハ公共ノ安寧秩序ヲ保持シ及臣民ノ幸福ヲ増進スル為ニ必要ナル命令ヲ発シ又ハ発セシム但シ命令ヲ以テ法律ヲ変更スルコトヲ得ス

第一〇条　天皇ハ行政各部ノ官制及文武官ノ俸給ヲ定メ及文武官ヲ任免ス但シ此ノ憲法又ハ他ノ法律ニ特例ヲ掲ケタルモノハ各々其ノ条項ニ依ル

第一一条　天皇ハ陸海軍ヲ統帥ス
第一二条　天皇ハ陸海軍ノ編制及常備兵額ヲ定ム
第一三条　天皇ハ戦ヲ宣シ和ヲ講シ及諸般ノ条約ヲ締結ス
第一四条　天皇ハ戒厳ヲ宣告ス

二　戒厳ノ要件及効力ハ法律ヲ以テ之ヲ定ム
第一五条　天皇ハ爵位勲章及其ノ他ノ栄典ヲ授与ス
第一六条　天皇ハ大赦特赦減刑及復権ヲ命ス
第一七条　摂政ヲ置クハ皇室典範ノ定ムル所ニ依ル
二　摂政ハ天皇ノ名ニ於テ大権ヲ行フ

第二章　臣民権利義務

第一八条　日本臣民タル要件ハ法律ノ定ムル所ニ依ル
第一九条　日本臣民ハ法律命令ノ定ムル所ノ資格ニ応シ均ク文武官ニ任セラレ及其ノ他ノ公務ニ就クコトヲ得
第二〇条　日本臣民ハ法律ノ定ムル所ニ従ヒ兵役ノ義務ヲ有ス
第二一条　日本臣民ハ法律ノ定ムル所ニ従ヒ納税ノ義務ヲ有ス
第二二条　日本臣民ハ法律ノ範囲内ニ於テ居住及移転ノ自由ヲ有ス
第二三条　日本臣民ハ法律ニ依ルニ非スシテ逮捕監禁審問処罰ヲ受クルコトナシ
第二四条　日本臣民ハ法律ニ定メタル裁判官ノ裁判ヲ受クルノ権ヲ奪ハルヽコトナシ

第二五条　日本臣民ハ法律ニ定メタル場合ヲ除ク外其ノ許諾ナクシテ住所ニ侵入セラレ及捜索セラルヽコトナシ

第二六条　日本臣民ハ法律ニ定メタル場合ヲ除ク外信書ノ秘密ヲ侵サルヽコトナシ

第二七条　日本臣民ハ其ノ所有権ヲ侵サルヽコトナシ

二　公益ノ為必要ナル処分ハ法律ノ定ムル所ニ依ル

第二八条　日本臣民ハ安寧秩序ヲ妨ケス及臣民タルノ義務ニ背カサル限ニ於テ信教ノ自由ヲ有ス

第二九条　日本臣民ハ法律ノ範囲内ニ於テ言論著作印行集会及結社ノ自由ヲ有ス

第三〇条　日本臣民ハ相当ノ敬礼ヲ守リ別ニ定ムル所ノ規程ニ従ヒ請願ヲ為スコトヲ得

第三一条　本章ニ掲ケタル条規ハ戦時又ハ国家事変ノ場合ニ於テ天皇大権ノ施行ヲ妨クルコトナシ

第三二条　本章ニ掲ケタル条規ハ陸海軍ノ法令又ハ紀律ニ牴触セサルモノニ限リ軍人ニ準行ス

第三章　帝国議会

第三三条　帝国議会ハ貴族院衆議院ノ両院ヲ以テ成立ス
第三四条　貴族院ハ貴族院令ノ定ムル所ニ依リ皇族華族及勅任セラレタル議員ヲ以テ組織ス
第三五条　衆議院ハ選挙法ノ定ムル所ニ依リ公選セラレタル議員ヲ以テ組織ス
第三六条　何人モ同時ニ両議院ノ議員タルコトヲ得ス
第三七条　凡テ法律ハ帝国議会ノ協賛ヲ経ルヲ要ス
第三八条　両議院ハ政府ノ提出スル法律案ヲ議決シ及各々法律案ヲ提出スルコトヲ得
第三九条　両議院ノ一ニ於テ否決シタル法律案ハ同会期中ニ於テ再ヒ提出スルコトヲ得ス
第四〇条　両議院ハ法律又ハ其ノ他ノ事件ニ付キ各々其ノ意見ヲ政府ニ建議スルコトヲ得但シ其ノ採納ヲ得サルモノハ同会期中ニ於テ再ヒ建議スルコトヲ得ス
第四一条　帝国議会ハ毎年之ヲ召集ス
第四二条　帝国議会ハ三箇月ヲ以テ会期トス必要アル場合ニ於テハ勅命ヲ以テ之ヲ延長スルコトアルヘシ
第四三条　臨時緊急ノ必要アル場合ニ於テ常会ノ外臨時会ヲ召集スヘシ

二　臨時会ノ会期ヲ定ムルハ勅命ニ依ル

第四四条　帝国議会ノ開会閉会会期ノ延長及停会ハ両院同時ニ之ヲ行フヘシ

二　衆議院解散ヲ命セラレタルトキハ貴族院ハ同時ニ停会セラルヘシ

第四五条　衆議院解散ヲ命セラレタルトキハ勅令ヲ以テ新ニ議員ヲ選挙セシメ解散ノ日ヨリ五箇月以内ニ之ヲ召集スヘシ

第四六条　両議院ハ各々其ノ総議員三分ノ一以上出席スルニ非サレハ議事ヲ開キ議決ヲ為ス事ヲ得ス

第四七条　兩議院ノ議事ハ過半數ヲ以テ決ス可否同數ナルトキハ議長ノ決スル所ニ依ル

第四八条　両議院ノ会議ハ公開ス但シ政府ノ要求又ハ其ノ院ノ決議ニ依リ秘密会ト為スコトヲ得

第四九条　両議院ハ各々天皇ニ上奏スルコトヲ得

第五〇条　両議院ハ臣民ヨリ呈出スル請願書ヲ受クルコトヲ得

第五一条　両議院ハ此ノ憲法及議院法ニ掲クルモノヽ外内部ノ整理ニ必要ナル諸規則ヲ定ムルコトヲ得

第五二条　両議院ノ議員ハ議院ニ於テ発言シタル意見及表決ニ付院外ニ於テ責ヲ負フコ

トナシ但シ議員自ラ其ノ言論ヲ演説刊行筆記又ハ其ノ他ノ方法ヲ以テ公布シタルトキハ一般ノ法律ニ依リ処分セラルヘシ

第五三条　両議院ノ議員ハ現行犯罪又ハ内乱外患ニ関ル罪ヲ除ク外会期中其ノ院ノ許諾ナクシテ逮捕セラルヽコトナシ

第五四条　国務大臣及政府委員ハ何時タリトモ各議院ニ出席シ及発言スルコトヲ得

第四章　国務大臣及枢密顧問

（略）

第五章　司法

（略）

第六章　会計

（略）

第七章　補則

（略）

私は、司法試験受験中にこれに接しましたが、当時から「明治憲法のどこが悪いのか」よく判りませんでした。ごくごくまともな憲法ではないか、と思っていました。そこでも、「表現の自由」を含む基本的人権の類いはきちんと規定されていました（もっとも、「検閲」は事実上行なわれていたようなので、現実の運用はよくなかったようですが、それはあくまで〝運用〟の問題です）。

これに対し、現在の日本国憲法では第九条に、「戦争の放棄」というものを押し付けられました。要するに、明治憲法と日本国憲法との実質的な大きな違いは、ただ「国家としての戦争行為」を容認するか否かの違いだけですね（明治憲法下では、第一一条で「天皇は陸海軍を統帥する」とあるわけですが、これは他の国々と同じく国家の交戦権は当然の前提だったわけですね。それを天皇が統帥することの可否はさておくとして）。

しかし、そもそも「国家」というものが存立する以上、〝戦争〟は避けられないものだろうし、軍隊のない国家など絵空事でしかないと思います。〝賢い〟動物と違い、〝愚かな人間〟の争いは、〝足るを知る〟レベルで終わるものではないという気がします。

現に、日本国憲法の下でも、〝軍隊であることが明らか〟な自衛隊の存在は解釈により合憲とされているのです。即ち、一時の気まぐれで米国は日本にくだらない〝腰抜け憲法〟を押し付けたのです。要するに、世界の歴史そのものが「戦争の歴史」であったことに目をつむり、日本を米国の思うとおりに扱いたかっただけなのです。

しかも、ご存知のとおり、日本国憲法はそれを改正することが至極困難な、いわゆる〝硬性憲法〟（改正の為には衆参両院で各々３分の２以上の賛成決議が必要であること、また、それから国民投票にかけて過半数の承認を得なければならない：憲法第九六条）となっています。

憲法九条のみならず、〝憲法改正〟という手続きすら容易でない〝ガンジガラメ〟の憲法条項すらも米国から押し付けられたのです。

もっとも「これらは米国の〝押し付け〟ではなく、日本の政府が〝納得〟した上で定立したものだ」、という曲学阿世の知識人が今もいますが、それはおそらく「政治の何たるか」を判ってない人たちでしょう。

「警察予備隊（１９５０年８月～）→保安隊（１９５２年10月～）→自衛隊（１９５４年７月１日から現在）」という流れも、米国の指示でつくられたんですから、正に日本は米国に翻弄されてきた〝戦後70年〟だと思います。

そうだとすると、「用なし」と判断されたとき、日本はバッサリ米国から切られることが想定されるわけです。そんなことに思いを馳せると、闇雲に米国流の法律を輸入することは悲しいことであり、かつ、〝滑稽〟ですらありますね。

日本国の指導者の皆さんにおかれましては、そろそろいかに日本国憲法が理不尽にも米国から押し付けられたものか、ということをしっかり認識した上で、「今後は、法律の定立をどうするか」ということを真剣に考えてみてはどうでしょうか。いや、そうでなければいけません！

第３章

法律の潜脱

1.「法律に触れなければ何をやってもよい」という安易な風潮

今、そういう考えの持ち主が増えているように見受けられます。そういう風潮は特に金融関係の取締法規に関わる人々の間に目立つようですが、もともとそれら法規は〝マネーゲーム〟に関わる人々を規制する法規ですから、法規自体を「ゲームする上でのルールにすぎない」と考えてしまいがちなんでしょうね。彼らは、だからこそ、「きちんとルールを守ってやっているんだから誰にも文句を言われる筋合いはない！」という〝居直り〟になるようです。

「規制されるべき部分の欠落は、その法律自体が〝欠陥品〟である証拠なのだから、規制される前に自分たちのした行為は違法ではない！」と言うのです。即ち、「自分たちがしたことが〝ダメだ！〟と言うのであれば、今からそれを取り締まる法律をつくればいいじゃないか」という理屈になるわけです。

幼稚ですね。彼らには形式的な法律の条文しか頭にないわけです。法律は「目的」ではなく、あくまで「手段」なのだ、ということに思いを致して欲しいと思います。その時、考えられる弊害を防止しようとするにすぎないのが法律なのですから、当然のことなのだと思います。

法律至上主義者は〝渇しても盗泉の水を飲まず〟という気持ちになれないのでしょうか。心が貧しい。おそらく育った環境のせいなんです。オモチャを取り上げられたら、「ギャーギャー」泣き続ける子供と一緒ですね。こう言うと、〝無垢な〟子供たちから「僕らを侮辱するんじゃない！」として訴えられるかな？

確かに、〝生き死に〟の問題として考えると、〝甘さは禁物〟かもしれませんが、私自身は〝節度〟ある人生を送りたいです。

2. 経済法の進化

金融取引が盛んになると、多数の一般投資家を保護する必要性が出てきて、それら周辺の経済法が定立されるのが望ましいようになります。金融のプロと一般投資家では持っている専門知識に差があるのだから、プロがアマチュアをだまそうと思えばいくらでもだませる、しかし、それをできるだけ是正しよう、というのが金融法規の役割ということになるわけですね。

これは、裏返せば、おそらく世の人々が、精神的満足より金銭的満足の方に、より重きを置くようになった、ということの反映でしょうね。

経済的豊かさ、というのも確かに大事なことですが、それに偏り過ぎると下品！　フェイスブック（ＦＢ）を開発した若きザッカーバーグ氏は、利用者の〝情報流出〟に関して、潔く「自分の責任だ」と最近のテレビ報道で釈明していましたが、このような〝エライ〟米国人もいることはいますよね。彼は20代と若いですが、やはり、それだけでも若いということは〝価値あり〟なのかもしれません。年取ると〝醜悪〟になりがちなんでしょうから。

最近、それ以外の分野で消費者保護法関連の立法も多数見受けられます（前記第２章３．（６）もその一つ）。それはそれで、「あってもよい」と思いますが、いかにも〝被害者〟

と目される方々が、これらの法律に安易な〝喰い付き〟（救済を求める）をしている感が否めません。

物事は事前に疑ってかかりましょう。時代が変わって、社会構造が変わりましたから！

言い換えると、性悪説の性善説に対する優位が〝際立って〟きていると思いますから。

第4章

さてさて〝道徳〟とは？

1．道徳とは、何ぞや？

文献上、道徳とは「公の秩序」、「善良な習慣を持つために人として守るべき行為の基準」、「道義」、とかいうように定義されています。この定義からも推し図れるように、「道徳」とは、必ずしも固定化された〝成文〟ではない、ということです。

しかし、私自身、少なくとも日本国は、連綿と〝人の道〟がつむがれてきたように感じています（推測するに、遅くとも参勤交代制度が浸透した後の江戸時代中期以降からそうであったのではないか、と勝手に思っています）。

この伝統こそ受け継がれていくべきでしょう。〝成文〟法に「くだらない」ものが量産されている今日、日本の道徳こそ光り輝くべきです。

佐賀藩の山本常朝あるいはその弟子が編んだとされる『葉隠』も人間の道徳を唱えていますが、当初読んだ時より今読むと違う味わいがあるかもしれません。

本書を書き終えたら、私も改めて『葉隠』を読み直そうと思います！

2. 道徳の役割

道徳は〝人間のあるべき道を諭すもの〟ということでしょうから、右に述べたように、法律のように文字で固定的に規定されているものではありません。場合によっては法律に反する行為も〝道徳的〟に見れば許される場合もあり得るでしょう。

テレビの刑事ドラマを観ていると、止むを得ない事情により殺人を犯さなければならなかったような場面がしばしば見られますが、これなどその代表例ですね。多くの日本人が共感を呼び起こされるシーンだと思います（もっとも、最近では現実社会で必然性のワカラン偶発的殺傷事件が多すぎますが）。

これに対し、そもそも〝法律のないところ〟での人の行動規範として身についているものが道徳であるともいえます。この〝行動規範〟がある程度普遍的で、それが一般的に市民間に浸透したまともな社会であれば、その結果、争いのタネがもたらされることは少ないのですが、その各人の道徳観念がある領域において余りにも違い過ぎると、結局は、〝その領域〟において法律をつくって争いが起こらないように調整しなければなりません。

そういった意味では、法律は人間社会においてはある程度、止むを得ない手段・道具ではあるといえます。だからこそ、関係各位におかれましては、せめて〝より妥当な〟法律をつくっていただきたい。

3. 道徳の衰退

前に〝規範〟というのは、「たかだか人間のやることだから、その総和は100だ!」と申し上げました。ですから、それを前提とする限り、例えば、ある時期、法律:道徳=3:7の割合であったのに、法律がたくさん世に出るようになって、その割合が7割になったとすると、その反面、結果的に道徳は3割になってしまうのです(道徳の狭隘化)。

法律がのさばると「規範」の中に占める道徳の割合が狭まる。

←

世の中は不幸になる。〝肌と肌の付き合い〟ではなくなるので、人間関係が〝ギクシャク〟

することになる。

前にも述べたように、「法律さえ守っていればよいのだ！」ということが未来永劫続くということになりかねない。

しかし、結局、法律は人間関係の全てをカバーしきれない！　法律が全てをカバーするようになったら、言い換えると、法律が幅をきかし過ぎるようになると、そこは〝人間社会〟ではなくなる、というのが私の持論なのです。

「法律」というのは、結局、それをつくらなければならないという状況に至ること自体、人間の堕落を〝裏付ける〟ものなのでしょう。

4. 理屈でない道徳・美意識

大相撲において、技の一つに〝張り手〟というのがあります。〝猫騙し〟というのもあります。これらの技を大横綱と呼ばれるような人がやるのはいかがなものか、と思います。

「これもルールにしたがってやっているのだから全く問題ない」という相撲ファン・解脱者もいます。私はこれにも異を唱えたい。そのようなセコイ技の擁護論者は、正に金融取引において「法律に反しない限り何をやってもよいのだ」という考え方と全く同じであり、そこには美意識もないし、道徳というものを軽んずる考え方です（経済活動にだって美意識があったってよいんじゃないですか）。

※そうそう、私が申し上げたいのは〝美意識〟なのです。

また、高校野球の世界でも、後に巨人軍の有力選手となった選手が、対戦相手のチームから五連続四球で敬遠されたということがありました。確かに「敬遠」ということがルール上認められているわけですが、一人の選手に5回連続敬遠というのはいかがなものか。決して美しくありません。

法律さえ守ればよいではないか、というふうに考えるのが何やら進歩的だとでもいいたげですね。大体、人類は〝進歩しない〟ものなのだから（前述）、「人間として進歩的」「あの人は進歩的な人間だ」とかいう言葉は使わない方がよいかもしれません。むしろ、そういうレッテル貼りは無責任かもしれないのです。

もっとも、そういう発言者は、「人類は進歩すべきだ」と、啓蒙的な見地からモノ申されているのかもしれませんが、私としては、そういう方はそうおっしゃること自体で自己陶酔しておられるのではないか、という感が否めません。

何やら、七面倒臭いことをいっているようですが、私はここでは単に社会生活を送る上で〝セコイ〟ことだけはしたくない、ということをいいたいのです。こんな了見だと、ますます、金儲けできない〝売れない弁護士〟で終わりそうですが、「そのうち何とかなるだっ、ろう〜♪！」（「失礼しましたッ！」）。

あとがき

道徳的規範は現代社会において廃れつつある、というのが私の実感なのですが、では、どうすればよいのか……？

親の躾……これも大事ですね。しかし、現代では子供の〝高学歴〟を望むだけの親が多すぎるようなので、これも〝期待薄〟です。では、当の親にきちんとした躾を子弟にする資格・能力がないとき、どうするか？

あとは、学校教育の充実、ですかね。最近、行政の裁量により、学校教育の無償化が推し進められつつありますが、それはそれで結構なことだと思います。しかし、これとて、「仏作って魂入れず」ではしょうがありません。教育の現場の先生が優れていなければなりません。

優れた先生はどうやって採用するか。ある程度高給で教師を迎えるしかありませんよね。

〝国家の大事〟に関わることなのですから、国も自治体もお金を惜しんではいけないでしょう。だから、他の領域における〝税金の無駄遣い〟はこの点からもよろしくない！「〝票田〟というものにしか興味のない政治家」の時代は終わりにしましょう。

朝鮮学校などに国の税金を投入することは原則的に国益に反することなので、「それが国益に資する」という特別の事情なり背景がない限り、断固として退けなければならないのです。自身、政治オンチかもしれない私としては、サッパリその〝国益性〟が分かりません。何が何だか分からない方向の行政措置は即刻、改められるべきです。また、日本人以外の者への生活保護の支給も即刻止めるべきでしょう。

人道主義といったって、きちんと優先順位を守るべきでしょう。先ず、日本人の人権に光を当てるべきでしょう。

また、学校教育の場合では、偉人伝を扱う必要があるのではないでしょうか。〝大昔〟における偉人伝も結構でしょうが、世の移り変わりの早い現代社会においては、「〇〇伝」ではなくとも、最近では、スポーツ、囲碁、将棋などいろんな領域で若い人の活躍が目覚ましいわけですから、そういう人たちがどのような生活環境で育ったか、ということを授業で取り上げることも重要だと思います（ま、ご本人たちが照れて「そんなの、止めて下さい」とおっしゃるかもしれませんが）。

ところで、「道徳」教育を正式に「教科」に格上げしようという最近の動きは結構なことと思います。（すでに平成30年4月から小学校では実施されています）何も五段階評価にする必要はなく、「可」、「不可」という評価だけにすればよいと思います。もともと道徳は、〝評価〟しにくい規範だと思いますから、「いいか」、「悪いか」の2通りでよいんじゃないでしょうか。あるいは、「不可」というのは、それにより生徒が傷つくのであれば「良」と「可」の2段階評価がよいでしょうか？　因みに、平成18年5月15日付の新聞によると、小学校の教師の間で、道徳の採点に〝困っている〟という報道がなされていました。わからなくもないですが、それこそ、現場の先生が自信をもってやるべきことではないでしょうかね。

では、皆さん、日本国のために襟を正して参りましょう！　まだ日本が〝主権国家〟である、と思うのであれば、公僕の皆さん、どうぞわが国の舵取りをよろしくお願い致します。

本を書くきっかけをつくってくれた
発明学会会長　中本繁実氏の紹介

長崎県西海市出身の中本氏と知り合ったのは、長崎県人クラブです。会員デーの会合で、名刺交換をしました。名刺が四つ折りで、印象に残る名刺でした。一度で覚えました。長崎県人クラブは、長崎にゆかりのある方々が会員となり、親睦、情報交換などいろいろな活動を行なっている民間の団体です。事務所（〒160―0004　東京都新宿区四谷1―10―2　長崎県東京産業支援センター412）は、四ツ谷駅の近くです。

中本氏は、現在、発明学会の会長で、本を50冊以上も書いている人です。（一社）発明学会（会員組織）は、発明のまとめ方、企業への売り込み方など、町の発明家が創作した作品を製品にできるように、応援をしている団体です。大学でも講師（非常勤）をしています。とにかく、忙しい人です。それでも、年に1～3冊は本を書いているそうです。

その中本氏が会うたびに、本を書きなさい、というのです。それで、今回、2冊目の本をまとめました。今回も、悪戦苦闘しながら、まとめました。

今回の本の内容も興味があるテーマだと思います。ぜひ、手に取って、読んでいただきたいと思います。よろしくお願いいたします。
それでは、中本氏が長崎県人クラブで、講演したときの内容を紹介します。当日の講演のときは、もっと、ダジャレ（言葉遊び）を入れていました。どうぞ、ご一読ください。

主催・長崎県人クラブ
平成27年 秋の講演会

楽しくなる物の見方と考え方

【講演日　平成27年10月29日（木）】

講師　中本 繁実氏
西海市出身　長崎工業高卒

●学歴コンプレックスをバネにして
私は、長崎県の西彼杵（にしそのぎ）半島にある半農半魚の町、大瀬戸町に生まれました。戸数三七戸の集落にある実家の家業は農業、七人兄弟の五番目（四男）として生を受けました。農業は、現金収入が少なく、お金がなかったため、高校は定時制（長崎市内）で、大学は二部の夜間部（東京都新宿区内）で学びました。

26歳のときに、発明学会に入社し、豊澤豊雄先生（明治40年生まれ、発明学会の創設者）に出会いました。そのころ、私は学歴コンプレックスで悩んでいました。いつも、愚痴をこぼしていました。すると、豊澤先生が、本を書くと、印税も入るし、世の中の人が勘違いしてくれるよ。……、といってくれました。また、豊澤先生が本は簡単に書けるよ。……、というのです。私は、文章はとにかく苦手でした。人前でしゃべることも得意じゃなく、ドキドキしてしまう性格でした。ところが、豊澤先生は、ほめ上手で、文章を書くこと、話すことを、何度も、何度も指導してくれました。

高校、大学で学んだことが技術系だったので、製図の本『斜視図の描き方』（パワー社刊）を書きました。1冊目が30歳のときです。それがきっかけで工学院大学専門学校の製図の講師（非常勤）になれました。本を14冊書いたころです。多摩美術大学の講師（非常勤）になれました。工学院大学の講師（非常勤）になったときは、20冊を超えていました。

学校の講義、講演のときは、ダジャレ（言葉遊び）がいっぱいです。たとえば、こんな感じです。

いきなりですが、……、初恋の温度は、何度?!、と問いかけます。初恋は1度だけです。だから、答えは一度です（笑）。

人脈づくりは飲み屋で、がモットーです。飲み屋で人の輪が広がっていきます。私は、洒落も大好きですが、お酒も大好きです。最近、得意な場所は、神楽坂、新宿です。

発明学会（会員組織）でのルーティン・ワークの他に、月曜日は、工学院大学で教え、ときには講演など、忙しい一週間です。

もちろん、執筆は、アフターファイブ。ウーロン茶でごまかして上手にお酒を飲み、帰宅してから原稿を書いています。連載ものもあり、電車の中でも原稿を書いています。

これからも、本の出版という実績を築いていきます。

現在の状況です。本は、55冊です。目標（年の数）までは、まだまだです。

●特許、意匠などを保護する知的財産権

知的財産権は、産業財産権と著作権の二つを合わせたものです。

知的財産権

・産業財産権（特許、実用新案、意匠、商標）
・著作権

産業財産権は、特許（発明）、実用新案（考案）、意匠（デザイン）、商標（ネーミング・サービスマーク）の4つを含めたものです。特許庁に出願することが必要です。登録主義です。

著作権（コピーライト）は、文芸、学術、美術、音楽の創作物です。文化的なものを守る法律です。思想感情の表現を保護する制度です。

著作権は、出願、審査、登録、という手続きは不要です。○○の作品を考えたときに、権利は自然に発生します。

知的財産権を守る、その他の法律には、不正競争防止法などがあります。この中で大きなウエイトを占めているのは、産業財産権です。

創作物の内容によって、権利は違います。産業財産権（工業所有権）は、特許・実用新案・意匠・商標のことです。

著作権は、たとえば、ここに表現している内容を保護します。ここに表現されている内容は、筆者の中本繁実の著作権です。

著作権があるから、他の人は、勝手に使うことはできないのです。産業財産権と著作権を合わせたものを知的財産権といいます。法律的にいうと無体財産権のことです。形がない無形の財産ということです。

この知的財産権の言葉、少し難しい感じがします。はじめての人は、言葉を聞いただけで、いやだなあー、という人もいるかもしれません。

でも、そんなこと、いわないでくださいよ。そして、このページを飛ばさないでくださいね。本だけに本当にお願いします。

普通電車に乗って、ノンビリ、気持ちに余裕をもって、スタートしましょう。

特急電車に乗ると、スピードは早いと思います。だけど、駅（利益）を飛ばしてしまいますよ。

●感心する、感動することはとてもいいこと

新聞、雑誌などで、ヒット商品が紹介されているのをみると誰でも、ウーン、うまく考えたなあー。……、といって、感心すると思います。

しかし、それだけではいけません。いつも、私ならこうする。……、といって考えてほ

しいのです。

近い将来、あなたが考えた作品も製品になります。そこで、私は、いつも受講生、学生に向かって、素晴らしい作品に感心してください、といっています。

感動することはとてもいいことです。その次は、必ず、私ならこうする。……、と、前向きに考える態度が必要だ。……、と教えています。そして、実行させます。たとえ、それが、改悪案であっても、その人の発明力はのびるからです。

●題材　赤ちゃん用の枕
たとえば、多くの赤ちゃんが使っている枕を題材にして、製品化の話をしましょう。

サラリーマンの夫婦に赤ちゃんが生まれました。いつも赤ちゃんは同じ姿勢で寝ます。6カ月後、後頭部が扁平になっていたのです。驚いた2人は、どうすれば扁平にならないか、……、と考えたのです。そこで、工夫したのがドーナツの形をした枕です。

説明図（図面）を描いて、説明文（明細書）を書いて、手作りで試作品を作りました。効果があるか、それを使って試してみました。使っている状態は自然な形でした。数週間後、効果がありました。後頭部の形も、もどってきました。それで、まとめておいた、書類に加筆、訂正をしてから出願をしました。

手紙を書いて、N社に送りました。すると、500万円で買ってくれました。……、という実話です。……、すると、みんな感心します。

今度は、この、ドーナツの形の枕がヒントになるのです。発明は、誰でもできそうだ。……、と思うようになります。

●私ならこうする、を体験してみよう

ドーナツの形の枕の話、感心したでしょう。感動したでしょう。今度は、私ならこうする。……、を体験しませんか。

それが新しい作品を考えるヒントになります。○○の動物の顔の可愛い枕にしよう。……、と考えるのです。ここで、○○の動物の顔の可愛い枕ができるだろう。……、といって、耳を付けたり、目を描けるようにしたのです。

そこで、ドーナツの形の枕の真ん中に、薄い布をはって、鼻と口を描きました。ドーナツの形の枕に、耳、鼻、口を＋（足し算）をしたのです。すると、ドーナツの形の枕とは、別の作品になります。だから、主婦は、ロイヤリティ（実施料）がもらえるのです。いくらになったと思いますか、3千万円です。

私ならこうする。……、と考えてみると、テーマがみつかります。しかも、考える練習としては、一番、製品にしやすい考え方です。

もっといいことは創造力を発達させることができることです。感動する心はとても大切です。そして、私ならこうする。……、と考えるのです。いつでも、前向きに考えると製品になるテーマもすぐにみつかります。

●1つの製品に複数の権利がある

年商約70億円といわれる大ヒット商品、「雪見だいふく」は、株式会社ロッテの社員の逆発想から生まれました。

ある年の冷夏に、アイスクリームが売れなくて材料が残って困ったのです。そこから、出発したのです。冬でも食べられるアイスクリームはできないか、それが、問題になり、その解決方法がだいふく餅の中のアンを取り出しました。そのかわりにアイスクリームを入れたらどうか、という案になったのです。試してみました。

それが、美味しいのです。これが大ヒット商品になったのです。すると、これを大手企業がまねて、ぞくぞくと類似品が生まれました。

まさか、モチの中にアイスクリームを入れたものが特許になるとは思わなかったのです。だから、各社が手を出したともいえるでしょう。それよりも「雪見だいふく」があまり良く売れるから、だまってみていられなかったのが真相でしょう。

ロッテは、これが特許になると判断して、昭和56年に被ふく冷菓とその製造方法という名称で出願しました。58年に権利が取れました。権利がおりると強いです。その後、各社が作っていた類似品は影をひそめました。「雪見だいふく」だけが、いま日本中で売れています。「雪見だいふく」は、大ヒット商品になりました。発明者は、その後、エリートコースを歩きました。

ここで、「雪見だいふく」の権利について説明してみましょう。

「雪見だいふく」の製造方法は、特許という知的財産権です。

「雪見だいふく」の商品の名称は、商標という知的財産権です。

「雪見だいふく」のパッケージやパンフレットの印刷物は、著作権という知的財産権です。

このように複数の権利で、「雪見だいふく」は守られているのです。

●どういうときに、発明は生まれるのか

書類を重ねて綴じたいとき、ホッチキスの針がないことに気がつかず、カラ打ちしたこと、ありませんか。

……、そうか、こういった体験をしたときに、ホッチキスの針の残量が一目でわかるように工夫すればいいのか。

そこで、○○さんは針に目印（着色）をつけたのです。

それを使ってみました。すると、残量が一目でわかりました。この瞬間、これは、すごい発明だ、と思って、イキイキした顔になりました。そして、一攫千金の大きな夢を友人、家族にかたりかけました。

また、一人で、毎日、ワクワク、ドキドキを体験しました。それで、周囲の人まで明るくなったのです。

それでは、ホッチキスの針を作っている会社を調べましょう。製品にするためには、会社の情報が必要です。目標の第一志望の会社を決めることです。事業内容は、会社のホームページで調べられます。

そうすれば、傾向と対策を練ることができます。

最初にやることは、作品が新しいか、チェックすることとです。

先行技術は、特許庁の特許情報プラットフォーム（J-PlatPat）で調べられます。その公報が出願書類をまとめるための参考書になります。知的財産権に興味がある会社も見つかります。

出願書類は、工業所有権情報・研修館「知的財産権相談・支援ポータルサイト」にある「出願書類」の形式（Word）をコピー（複写）すれば使えます。書類がまとまったら、特許出願中（ＰＡＴ・Ｐ）です。……、と書いて、手紙で、売り込みをするのです。○○さんは、これで上手くいくと思いました。

会社の担当者が、なるほど、この作品はすごいです。ホッチキスの針を製品にしましょう。……、と書いた嬉しい手紙が数日後、届くだろう、と思って、ポストを毎日見ました。ところが、２週間、３週間しても、返事はきません。

ここで、発明は簡単にできたけど、作品を製品にするのはむずかしい。……、と思って、あきらめてしまうのです。だから、製品になる作品は、１０００に３つ（０・３％）だ、と長年いい続けられています。ウーン、考え込んでしまいますよね。

多くの作品が製品にならないのです。それには理由があります。

発明家の心の奥に少しだけの工夫で大儲け、といった心理がひそんでいるからです。発明で儲けようと考えることは間違ってはいませんよ。でも、その心理が製品にならない大きな厚い壁になっています。

なぜでしょうか。少しだけの工夫、と思われることでもコロンブスの卵と同じです。後から、先輩と同じものを考えたからです。はじめての人がそれを探し出すまではなみたいていではなかったハズです。時間もかかったハズです。試行錯誤もしたハズです。努力もしたハズです。そのことがわかるようになると発明家の心はガラリとかわります。

安易な心理がふっとんでしまいます。未知の世界を探し求める努力と行動力が出ます。利害をこえて他の人のためになる作品を考えます。

こうして人間がみがかれていくのです。欲から入った発明家が、やがて損得を無視してひたすら世のため、他の人のためになる作品を考えはじめるのです。

利己から利他へ、そこに人生の醍醐味を感じます。そうなったとき、世間は発明家をすててはいません。会社（スポンサー）も見つかります。思ってもいなかった好条件で、作品を製品にしてくれます。この道を歩けば作品は製品になります。

どうぞ、タダの頭を使って、発明を楽しんでください。私は冗談（上段）が大好きですが、表彰台は上段がいいですよね。……、ご清聴ありがとうございました。

知的財産権の参考文献は、拙著『特許出願 かんたん教科書 ―とっても簡単！自分で書ける特許願』（中央経済社）、『一人で特許の手続きをするならこの一冊』（自由国民社）、『完全マニュアル！ 発明・特許ビジネス』（日本地域社会研究所）などがあります。

以上、私の専門分野である〝発明〟を論じてきましたが、これも本書のタイトルの一部である〝法律〟に属するものです。本書の出版を機に読者の皆様におかれましては、知的財産権にもいろいろと思いを馳せて頂ければ幸いです。

著者略歴

玉木賢明（たまき・よしあき）

長崎県諫早市生まれ。一橋大学卒業。平成元年弁護士登録。東京都新宿区にて玉木賢明法律事務所を経営。平成 27 年、有志と共に杉並区高円寺にて「一般社団法人全国空き家相談士協会」を立ち上げ、副会長に就任。

主な著書に『空き家対策の処方箋』（日本地域社会研究所）、『空き家相談士認定テキスト』（一般社団法人全国空き家相談士協会）、共著に『製造物責任・企業賠償責任Ｑ＆Ａ』（第一法規出版）など。その他、雑誌等への投稿多数。

玉木賢明法律事務所

所長　弁護士　玉木賢明
〒１６０－０００４　東京都新宿区四谷１－９　有明家ビル三階
ＴＥＬ：０３（３３５８）１５１０
ＦＡＸ：０３（３３５８）１５２２
e-mail：tamaki.law@aurora.ocn.ne.jp

【過去に取り扱った業務】
・知的財産権（特許権・著作権・商標権・意匠権等）
・国際契約周辺事務
・独禁法事務
・民・商事トラブルの訴訟事務一般

庶民《しょみん》派《は》弁護士《べんごし》が読《よ》み解《と》く法律《ほうりつ》の生《う》まれ方《かた》

2019年1月25日　第1刷発行

著　者　玉木賢明《たまきよしあき》
編　者　玉木賢明法律事務所
監修者　一般社団法人発明学会会長　中本繁実
発行者　落合英秋
発行所　株式会社 日本地域社会研究所
〒167-0043　東京都杉並区上荻1-25-1
TEL　(03)5397-1231(代表)
FAX　(03)5397-1237
メールアドレス　tps@n-chiken.com
ホームページ　http://www.n-chiken.com
郵便振替口座　00150-1-41143
印刷所　中央精版印刷株式会社

ISBN978-4-89022-236-0